Abair Liom G Réamhrá

In *Abair Liom* tugtar le chéile ábhar clóite agus digiteach do mhúinteoirí Gaeilge an lae inniu. Tá taithí fhairsing ar mhúineadh na Gaeilge ag an bhfoireann oidí a cheap an clár seo.

Is clár cuimsitheach é *Abair Liom* ina gclúdaítear **gach gné de churaclam na Gaeilge**. Cuirtear ábhar an churaclaim i láthair na ndaltaí ar bhealach nua-aimseartha, taitneamhach. Tá gníomhaíochtaí faoi leith ann don éisteacht, don labhairt, don léitheoireacht agus don scríbhneoireacht, mar aon le gnéithe den ghramadach. Gheofar go leor deiseanna chun idirdhealú a dhéanamh sa seomra ranga agus chun modhanna múinte éagsúla a úsáid.

 Éist

 Labhair

 Léigh

 Scríobh

 Foghlaim

 Cluiche

 Foghar

 Dúshlán

Clár

Mé féin
- 01 An buachaill nua ... 06
- 02 An turgnamh eolaíochta ... 12

Bia
- 03 Pirimid an bhia ... 20
- 04 *Cáitín sa Chistin* ... 26

Sa bhaile
- 05 An seomra nua ... 34
- 06 Tine! ... 40

Súil siar A ... 48

An scoil
- 07 An turas scoile ... 50
- 08 Scoileanna leis na blianta ... 56

Siopadóireacht
- 09 An margadh Nollag ... 64
- 10 An roth mór ... 70

Súil siar B ... 78

Éadaí
- 11 Mo stíl phearsanta ... 80
- 12 Feisteas ... 86

An teilifís
- 13 Ag an bpictiúrlann ... 94
- 14 Scannáin iontacha ... 100

An aimsir
- 15 An rinc scátála oighir ... 108
- 16 Tom Crean ... 114

Súil siar C ... 122

Caitheamh aimsire
- 17 Páirc an Chrócaigh ... 124
- 18 *Clann Lir* ... 130

Ócáidí speisialta
- 19 Féile an tsamhraidh ... 138
- 20 Rac gan Stad ... 144

Súil siar D ... 152

Mar chabhair duit ... 154

Muintir Uí Shé

Tafaí Seán Síofra Oisín Mam Daid Lóla

Peadar Nóra Aintín Máire Uncail Micheál Mamó Daideo

Na cairde

Amit Tomás Daithí Liam Michal Alex

Orlaith Niamh Magda Sinéad Aoife

01 An buachaill nua

Eiseamláirí

Cá bhfuil tú i do chónaí?
Tá mé i mo chónaí i ___.
Cónaím i ___.

Cad as duit?
Is as ___ dom.

Cár rugadh thú?
Rugadh mé i ___.

Mé féin

A. Léigh an scéal.

An chéad lá ar ais ar scoil a bhí ann. Bhí Seán agus Síofra i Rang 5. Bhí sceitimíní áthais ar na páistí. Sheas an múinteoir ag barr an tseomra ranga ag cur fáilte roimh gach duine.

Thug na páistí faoi deara go raibh buachaill nua sa seomra. Buachaill ard a bhí ann. Bhí gruaig dhonn air agus súile donna aige. Bhí cuma neirbhíseach air. Bhí sé ag cur allais agus bhí a lámha ag crith. Bhí na páistí eile fiosrach faoi.

Múinteoir: A pháistí, seo é Alex. Inis dúinn beagán fút féin, a Alex.
Alex: Is mise Alex. Tá mé deich mbliana d'aois. Tá mé i mo chónaí in Éirinn anois ach is as an Spáinn dom.
Múinteoir: Tá páistí as a lán tíortha difriúla sa rang seo, a Alex.
Magda: Cinnte! Rugadh mise sa Pholainn.
Amit: Agus is as an India domsa!
Seán: Ar mhaith leat suí ag mo bhord, a Alex?

Shuigh Alex síos in aice le Seán agus Magda. Thosaigh siad ag caint agus ag comhrá le chéile. Níorbh fhada go raibh cairde nua ag Alex. Ní raibh sé neirbhíseach a thuilleadh. Chuaigh sé abhaile ag deireadh an lae, agus aoibh mhór air.

B. Freagair na ceisteanna.

1. Cén lá a bhí ann?
2. Cén rang ina raibh Seán agus Síofra?
3. Cad a thug na páistí faoi deara sa seomra ranga?
4. Cad as don bhuachaill nua?
5. Cén duine a rugadh sa Pholainn?
6. Cé hiad na cairde nua atá ag an mbuachaill?
7. Déan cur síos ar an mbuachaill nua.
8. Cá bhfios duit go raibh sé neirbhíseach?
9. Cén fáth, meas tú, a raibh aoibh mhór ar Alex ag deireadh an lae?

 Cad iad na tíortha arb as do na páistí i do rang féin?

An buachaill nua

C. Comhrá.

Agallóir: Inis dom beagán fút féin.
Magda: Magda is ainm dom. Tá mé aon bhliain déag d'aois.
Agallóir: Cé mhéad duine atá i do theaghlach?
Magda: Tá cúigear i mo theaghlach.
Agallóir: An bhfuil aon deartháireacha nó deirfiúracha agat?
Magda: Tá beirt deartháireacha agam. Jakub agus Alan is ainm dóibh.
Agallóir: Cá bhfuil tú i do chónaí?
Magda: Tá mé i mo chónaí i mBaile Átha Cliath ach rugadh mé sa Pholainn. Cónaíonn mo sheantuismitheoirí fós sa Pholainn agus tugaim cuairt orthu gach samhradh.
Agallóir: Cad is maith leat faoin bPolainn?
Magda: Is breá liom an bia. Tá na hispíní sa Pholainn ar na hispíní is fearr ar domhan.

D. Fúm féin.

Tá mé i mo chónaí i ___.   Is as ___ dom.

Cónaím i ___.   Rugadh mé i ___.

Baile Átha Cliath	Maigh Eo	Éirinn	Sasana	an India

 1. Is mise Seán. Tá mé i mo chónaí **i mBaile Átha Cliath**. Rugadh mé **anseo in Éirinn**.

 2. Síofra is ainm dom. Is as É_____ dom. Cónaím i mBaile _____ _____.

 3. Amit is ainm dom. Cónaím i m_____ _____ _____ ach is as ____ _____ dom.

 4. Is mise Peadar. Tá mé i mo chónaí i _____ ____. Rugadh mé i _____.

 Cár rugadh tú féin? An bhfuil tú fós i do chónaí san áit chéanna, nó an gcónaíonn tú in áit dhifriúil anois?

Mé féin

E. Éist agus líon na bearnaí.

Ainm: _____
Aois: _____
Sa teaghlach: _____
Deartháireacha: _____
Deirfiúracha: _____
Áit chónaithe: _____
_____

Ainm: _____
Aois: _____
Sa teaghlach: _____
Deartháireacha: _____
Deirfiúracha: _____
Áit chónaithe: _____
_____

F. Dán.

An Seilide
Le E. Ó Tuathail

Is fírín beag mise –
Mo theach ar mo dhroim.
Adharca fada
Ag fás amach uaim.

Ithimse glasraí
Go mall is go réidh.
Cóilis don dinnéar
Agus leitís don tae.

Sleamhnaím timpeall
Ar chloch is ar chré.
Anois cé hé mise?
Is seilide mé!

 Cad a itheann an seilide?

An buachaill nua

G. Briathra: An Aimsir Chaite – an chéad réimniú.

Glan
Ghlan mé
Ghlan tú
Ghlan sé
Ghlan sí
Ghlanamar (sinn)
Ghlan sibh
Ghlan siad

Éist
D'éist mé
D'éist tú
D'éist sé
D'éist sí
D'éisteamar (sinn)
D'éist sibh
D'éist siad

Fan
D'fhan mé
D'fhan tú
D'fhan sé
D'fhan sí
D'fhanamar (sinn)
D'fhan sibh
D'fhan siad

1. _____ an seomra ranga tar éis na scoile inné. (glan, an múinteoir)
2. _____ leis an múinteoir sa rang ar maidin. (éist, sinn)
3. Bhí daid Magda déanach, mar sin _____ sa scoil. (fan, sí)
4. _____ do leabhar i do mhála scoile aréir. (cuir, tú)
5. _____ sú oráiste ag am bricfeasta inné. (ól, siad)
6. _____ mo chuid obair bhaile sa charr. (fág, mé)
7. _____ ag barr an tseomra. (seas, sibh)
8. _____ an doras agus _____ síos. (dún, Seán) (suigh, sé)

⭐ Scríobh cúig abairt ag baint úsáid as na briathra thuas.

Ar ghlan?
Ghlan / Níor ghlan.

Ar éist?
D'éist / Níor éist.

Ar fhan?
D'fhan / Níor fhan.

1. Ar ghlan Síofra an bord aréir?
   _____

2. Ar éist Mam leis an raidió inniu?
   _____

3. _____ Oisín le Daid ag stad an bhus?
   D'fhan.

4. _____
   Níor dhún. D'fhág sé é ar oscailt.

H. Gramadach: An réamhfhocal 'i'.

 i + urú Tá mé i mo chónaí **i m**Baile Átha Cliath.

| **i** | **mb** | **gc** | **nd** | **bhf** | **ng** | **bp** | **dt** |

1. Cónaím i _____. (Gaillimh)
2. Rugadh mé i _____. (Poblacht na Seice)
3. An raibh tú i _____ riamh? (Tiobraid Árann)
4. Tá mé i mo chónaí i _____ i _____. (Cill Airne) (Ciarraí)
5. Is as an Spáinn do Alex. Cónaíonn a sheantuismitheoirí i _____. (Barcelona).

ach amháin roimh h, l, m, n, r agus s Cónaím **i** Maigh Eo.

1. Tá mé i mo chónaí i _____. (Luimneach)
2. An bhfuil tú i do chónaí i _____? (Ros Comáin)
3. Cónaím i _____ anois ach rugadh mé i _____. (Muineachán) (Sasana)
4. Is as an Laitvia do mo chara. Bhí sí ina cónaí i _____. (Ríge)
5. D'fhan mé i _____ nuair a bhí mé sna Stáit Aontaithe. (Nua-Eabhrac)

 i + guta = in 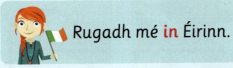 Rugadh mé **in** Éirinn.

1. Rugadh mé i_____. (Uíbh Fhailí)
2. Cónaíonn mo sheantuismitheoirí i_____. (Inis)
3. An raibh tú i_____ riamh? (Albain)
4. Tá mé i mo chónaí i_____ i _____. (Inis Córthaidh) (Loch Garman).
5. Cónaíonn an tUachtarán i_____. (Áras an Uachtaráin)

Scríobh cúig logainm a thosaíonn leis an litir 'c'.

02 An turgnamh eolaíochta

Eiseamláirí

| Cén tslí bheatha atá ag ___? | Cad a dhéanann ___? |
| Is ___ é / í ___. | Oibríonn ___ i ___. |

Bhí Rang 5 ag foghlaim faoi shlite beatha. Thug an múinteoir cuireadh do thuismitheoirí teacht isteach agus labhairt faoina gcuid oibre. Dé hAoine, tháinig daid Liam go dtí an scoil. Eolaí is ea é. Tháinig sé chun turgnamh eolaíochta a dhéanamh leis na páistí. Bhí sceitimíní orthu.

D'fhéach gach duine ar dhaid Liam agus é ag obair go dian – gach duine ach amháin Daithí. Ní raibh suim dá laghad ag Daithí in eolaíocht. 'Is fuath liom eolaíocht,' ar seisean amach go hard. Cheap sé go raibh eolaíocht leadránach. Thosaigh sé ag pleidhcíocht.

Chonaic an múinteoir Daithí ag pleidhcíocht. 'A Dhaithí! Stop den phleidhcíocht sin!' ar sise go crosta. Stop Daithí ach níorbh fhada go raibh sé ag pleidhcíocht arís. Tar éis tamaill, thug daid Liam faoi deara go raibh leadrán ar Dhaithí. D'iarr sé ar Dhaithí cabhrú leis.

Chabhraigh Daithí leis, ach rinne sé é go drogallach. Bhí na páistí eile ag féachaint go géar ar Dhaithí. Dhoirt sé meascán isteach i mbuidéal. Go tobann, thosaigh nathair chúir ag teacht amach as an mbuidéal. D'fhás sé go tapa. 'Féach!' arsa Daithí, 'tá sé seo dochreidte!' 'Is breá liom eolaíocht!' ar seisean agus aoibh mhór air.

Mé féin

A. Freagair na ceisteanna.

1. Cad a bhí á fhoghlaim ag an rang?
2. Cé a tháinig go dtí an scoil Dé hAoine?
3. Cén tslí bheatha atá aige?
4. Cad a cheap Daithí faoi eolaíocht ar dtús?
5. Cén fáth a raibh an múinteoir crosta?
6. Cad a tharla nuair a thug daid Liam faoi deara go raibh leadrán ar Dhaithí?
7. Cad a tharla nuair a dhoirt Daithí an meascán isteach sa bhuidéal?
8. Cá bhfios duit gur maith le Daithí eolaíocht ag deireadh an ranga?
9. Cén fáth, meas tú, ar iarr daid Liam ar Dhaithí cabhrú leis?

⭐ Cad é an turgnamh eolaíochta is fearr a rinne tú riamh?

B. Fíor nó bréagach?

1. Bhí an rang ag foghlaim faoi shlite beatha.
2. Bhí na paistí neirbhíseach nuair a tháinig daid Liam go dtí an scoil.
3. Is garda é daid Liam.
4. Cheap Daithí go raibh eolaíocht leadránach ar dtús.
5. Bhí an múinteoir crosta mar bhí Daithí ag pleidhcíocht.
6. D'iarr daid Liam ar Shíofra cabhrú leis.
7. Thosaigh lasracha ag teacht amach as an mbuidéal.
8. Bhí suim ag Daithí in eolaíocht ag an deireadh.

C. Déan achoimre ar an scéal.

Tháinig _____ ar scoil. Rinne sé _____ leis an rang. Ní raibh _____ ag Daithí in eolaíocht. Thosaigh sé _____. D'iarr daid Liam ar _____ cabhrú leis. Cheap Daithí go raibh an turgnamh _____. Is breá leis _____ sa deireadh.

An turgnamh eolaíochta

D. Comhrá.

Daithí: Bhí sé sin dochreidte! Tá do dhaid chomh seolta, a Liam!

Liam: Is dócha é. Cén tslí bheatha atá ag do thuismitheoirí, a Dhaithí?

Daithí: Bhuel, is fear an phoist é mo dhaid agus is garda í mo mham. Agus oibríonn mo dheartháir mór i gcaife agus uaireanta tugann sé cácaí abhaile chugamsa!

Liam: Eum! Cad faoi bhur dtuismitheoirí, a Sheáin agus a Shíofra, cad a dhéanann siad?

Seán: Oibríonn ár ndaid in oifig sa bhaile mór. Níl a fhios agam cad a dhéanann sé.

Síofra: Agus is múinteoir corpoideachais í ár mam sa mheánscoil áitiúil.

Daithí: Ní chreidfidh tú cad a dhéanann mo chol ceathrar! Is píolóta í!

Seán: Ar fheabhas! Tá sé sin chomh seolta!

E. Cén tslí bheatha atá acu?

garda | fear / bean an phoist | cócaire | freastalaí
múinteoir | altra | tréidlia | feirmeoir | dochtúir | gruagaire
tiománaí | tógálaí | bean ghnó / fear gnó | fiaclóir | ceoltóir

1. Oibríonn mo dhaid i scoil áitiúil. Múineann sé páistí. Is **múinteoir** é.

2. Tá mo mham cosúil le dochtúir ach oibríonn sí le hainmhithe. Is _____ í.

3. Oibríonn mo sheanathair ar fheirm. Tugann sé aire do na hainmhithe agus fásann sé barra. Is _____ é.

4. Seinneann mo dhaid an pianó agus an giotár. Scríobhann sé amhráin agus canann sé na hamhráin ar stáitse. Is _____ é.

5. Rinne mo dheirfiúr staidéar gnó sa choláiste. Anois, oibríonn sí in oifig sa chathair. Is _____ í.

6. Cabhraíonn mo dhaid le daoine atá tinn nó gortaithe. Oibríonn sé in ospidéal. Ní dochtúir é. Is _____ é.

Cén tslí bheatha atá ag daoine i do theaghlach?

Mé féin

F. Éist agus líon na bearnaí.

 1. Is _____ í mo mham.

 4. Is _____ mo dheirfiúr.

 2. Is _____ í mo mham.

 5. _____ mo dhaid.

 3. Is _____ mo dhaid.

 6. _____ m'uncail.

G. Críochnaigh na habairtí.

'Stop den phleidhcíocht!' arsa an múinteoir go crosta.

go tapa go hard go dian go crosta
go géar go tobann go drogallach

1. Chaith an feirmeoir an lá sna páirceanna ag obair _____.
2. 'Stop den troid!' arsa Daid _____.
3. Rith an garda _____ nuair a chonaic sí an gadaí.
4. Thosaigh Tafaí ag tafann _____ nuair a chonaic sé fear an phoist ag teacht.
5. Stad an tiománaí an bus _____ nuair a rith madra trasna an bhóthair.
6. Bhí na páistí sa rang ag féachaint _____ ar an múinteoir.
7. Chuaigh Magda go dtí an fiaclóir _____ nuair a bhí tinneas fiacaile uirthi.

 Scríobh cúig abairt ag baint úsáid as na nathanna thuas.

An turgnamh eolaíochta

H. Briathra: An Aimsir Chaite – an dara réimniú.

Tosaigh

Thosaigh mé
Thosaigh tú
Thosaigh sé
Thosaigh sí
Thosaíomar (sinn)
Thosaigh sibh
Thosaigh siad

Éirigh

D'éirigh mé
D'éirigh tú
D'éirigh sé
D'éirigh sí
D'éiríomar (sinn)
D'éirigh sibh
D'éirigh siad

1. _____ ag obair ar a sé a chlog ar maidin. (tosaigh, an feirmeoir)
2. _____ go drogallach inné mar bhí tuirse orm. (éirigh, mé)
3. '_____ ag pleidhcíocht,' arsa an múinteoir. (tosaigh, sibh)
4. Nuair a bhí mo sheanmháthair níos óige, _____ i Sasana. (oibrigh, sí)
5. _____ an dinnéar mar bhí a dtuismitheoirí tinn. (ullmhaigh, siad)
6. Bhí aoibh mhór ar Oisín nuair a _____ a dhuais. (bailigh, sé)
7. _____ go luath agus _____. (dúisigh, sinn) (éirigh, sinn)
8. _____ leat nuair a _____ do chos.
   (cabhraigh, an t-altra) (gortaigh, tú)

 Scríobh cúig abairt ag baint úsáid as na briathra thuas.

Ar thosaigh?	Ar éirigh?
Thosaigh / Níor thosaigh.	D'éirigh / Níor éirigh.

1. Ar thosaigh na páistí ag pleidhcíocht?
   _____

2. Ar éirigh an feirmeoir go luath ar maidin?
   _____

3. _____ Michal go dian?
   Níor oibrigh.

4. _____
   Chabhraigh.

Mé féin

I. Gramadach: An aidiacht shealbhach.

mé	**tú**	**sé**	**sí**
mo + h	do + h	a + h	a
mo thuismitheoirí	**do** thuismitheoirí	**a** thuismitheoirí	**a** tuismitheoirí

sinn	**sibh**	**siad**
ár + urú	bhur + urú	a + urú
ár dtuismitheoirí	**bhur d**tuismitheoirí	**a d**tuismitheoirí

urú | mb | gc | nd | bhf | ng | bp | dt

1. Thug mé _____ _____ don bhfreastalaí. (mé, cóta)
2. Cá bhfuil _____ _____ _____? (tú, bosca lóin)
3. Chuir an ceoltóir _____ _____ ar an stáitse. (sé, giotár)
4. D'fhág an múinteoir _____ _____ sa halla. (sí, feadóg)
5. Chailleamar _____ _____. (sinn, peata)
6. Dúnaigí _____ _____! (sibh, fuinneoga)
7. D'fhág siad _____ _____ go luath ar maidin. (siad, teach)
8. Chuaigh Seán agus _____ _____ go dtí an t-ollmhargadh. (sé, cairde)

⭐ Athraigh na habairtí seo ó *Sheán* go *Síofra*: Chuir Seán a pheann ina phóca. Bhris a pheann agus bhí a chóta scriosta.

J. Na fuaimeanna: 'a' agus 'á'. Roghnaigh an litir cheart.

gard__

c__c__

crost__

an Sp__inn

fi__clóir

Baile __tha Cliath

tréidli__

tog__laí

⭐ Scríobh cúig abairt ag baint úsáid as na focail thuas.

An turgnamh eolaíochta

K. Léigh faoi Dhaithí.

Ainm: Daithí
Aois: 11
An tír arb as dó: Éire
Áit chónaithe: Baile Átha Cliath
Sa teaghlach: 4
Deartháireacha: Pól (17)
Deirfiúracha: 0
Slite beatha: Mam – garda, Daid – fear an phoist

Is mise **Daithí**. Tá mé **aon bhliain déag** d'aois. Is as **Éirinn** dom. Tá mé i mo chónaí i **mBaile Átha Cliath**. Tá **ceathrar** i mo theaghlach. Tá **deartháir amháin** agam. **Pól** is ainm dó. Tá sé **seacht mbliana déag** d'aois. Is **garda** í mo mham agus is **fear an phoist** é mo dhaid.

L. Scríobh faoi Shinéad.

Ainm: Sinéad
Aois: 10
An tír arb as di: an Fhrainc
Áit chónaithe: Baile Átha Cliath
Sa teaghlach: 3
Deartháireacha: 0
Deirfiúracha: 0
Slite beatha: Mam – bean tí, Daid – múinteoir

Sinéad is ainm dom.

Mé féin

M. Scríobh fút féin.

Ainm: _____
Aois: _____
An tír arb as dom: _____
Áit chónaithe: _____
Sa teaghlach: _____
Deartháireacha: _____
Deirfiúracha: _____
Slite beatha: _____

Is mise _____
_____
_____
_____
_____
_____
_____
_____

Ainm:

Is mise _____.
_____ is ainm dom / dó / di.
_____ agus _____ is ainm dóibh.

altra
dochtúir
cócaire
feirmeoir
freastalaí
garda
gruagaire
múinteoir
tógálaí
fear gnó / bean ghnó
fear / bean an phoist

beirt
triúr
ceathrar
cúigear
seisear
seachtar
ochtar
naonúr
deichniúr

deartháir amháin
beirt deartháireacha
deirfiúr amháin
triúr deirfiúracha

aon / dhá bhliain
trí / ceithre bliana
cúig / sé bliana
seacht mbliana
ocht mbliana
naoi mbliana
deich mbliana
aon bhliain déag
dhá bhliain déag
trí bliana déag
ceithre bliana déag
cúig bliana déag
sé bliana déag
seacht mbliana déag
ocht mbliana déag
naoi mbliana déag
fiche bliain

03 Pirimid an bhia

Eiseamláirí

| Tá ___ go maith / go dona duit. | Ba chóir duit ___ a ithe / a ól. |
| Caithfidh tú níos mó / níos lú ___ a ithe. | Tá ___ lán de ___. |

Tá a lán **siúcra** go dona duit.

uachtar reoite

criospaí

Ní gach lá

brioscaí

Bianna a bhfuil go leor saille, siúcra agus salainn iontu

Ba chóir duit **5-7 bpíosa** torthaí agus glasraí a ithe gach lá.

Roghnaigh méideanna an-bheaga

Maonáis

ola

Saillte agus olaí

Roghnaigh 2

liamhás

bradán

tuinnín

Feoil, iasc, uibheacha agus cnónna

Tá bainne agus cáis lán de **chailciam.** Tá cailciam go maith do na cnámha.

Bainne, iógart agus cáis

Roghnaigh 3

Bainne

Iógart

Roghnaigh 3-5

Leite

Calóga Arbhair

rís

Lintilí

Gránaigh, arán, prátaí, pasta agus rís

Roghnaigh 5-7

fíonchaora

anann

leitís

piobair

arbhar milis

fraocháin ghorma

gairleog

abhacád

Glasraí, sailéad agus torthaí

Ba chóir duit **8 ngloine** uisce a ól gach lá.

Tá **deochanna súilíneacha** lán de shiúcra.

Bia

A. Léigh an t-oideas.

Sailéad

Comhábhair:

 1 cheann leitíse
 1 phiobar dearg
 1 oinniún mór
 1 abhacád
 1 sicín cócaráilte
 50g cáise, gearrtha suas
 50g arbhar milis
 1 spúnóg ola

Trealamh:

 babhla
 scian
 spúnóg

Am:
Deich nóiméad

Modh:

1. Nigh an leitís agus an piobar.
2. Bain an craiceann den oinniún agus den abhacád.
3. Gearr suas na glasraí leis an scian.
4. Cuir na glasraí gearrtha isteach sa bhabhla.
5. Gearr suas an sicín.
6. Cuir na píosaí sicín isteach sa bhabhla freisin.
7. Measc an cháis agus an t-arbhar milis leis na comhábhair eile sa bhabhla.
8. Doirt an ola ar an meascán.
9. Measc na glasraí agus an ola le chéile.
10. Bain taitneamh as!

B. Freagair na ceisteanna.

1. Cad is ainm don oideas seo?
2. Ainmnigh trí cinn de na comhábhair.
3. Cén trealamh atá ag teastáil?
4. Cá fhad a thógann sé chun an sailéad a ullmhú?
5. Cad iad na glasraí atá san oideas?
6. Cad a dhéanann tú leis an abhacád sula ngearrann tú é?
7. Cá gcuireann tú na comhábhair go léir?
8. Cé mhéad ola a chuireann tú isteach sa bhabhla?
9. As cén chuid de phirimid an bhia a thagann na comhábhair sa sailéad seo?

Cad iad na comhábhair is maith leat féin i sailéad?

Pirimid an bhia

C. Comhrá.

Oisín: Cad tá á dhéanamh agat, a Mhamaí?
Mam: Tá sailéad á dhéanamh agam.
Oisín: Ceart go leor. Cad tá i do lámh agat?
Mam: Is abhacád é. Ar mhaith leat é a bhlaiseadh?
Oisín: Píosa beag, le do thoil! Em … sin blas nua!
Mam: Tá sé go maith duit.
Oisín: An bhfuil cead agam cúpla briosca a fháil?
Mam: Níl. Tá an iomarca brioscaí go dona duit. Caithfidh tú níos lú siúcra a ithe. Tá brioscaí lán de shiúcra. Seo duit roinnt fraochán gorm. Ba chóir duit níos mó torthaí a ithe.
Oisín: Ceart go leor. An féidir liom iógart a ithe leo?
Mam: An-smaoineamh! Tá iógart go maith duit freisin. Tá sé lán de chailciam agus tá cailciam ar fheabhas do na cnámha.

D. Scríobh abairtí.

Ba chóir duit	níos mó	glasraí	a ithe.
Caithfidh tú	níos lú	lintilí	a ól.
	a lán	sceallóga	
		torthaí	
		deochanna súilíneacha	
		gairleoige	
		tuinnín	
		criospaí	
		uisce	
		siúcra	

1. Ba chóir duit níos mó torthaí a ithe.
2. _____
3. _____
4. _____
5. _____
6. _____

Faigh dhá shampla eile de bhia, ceann amháin atá **go maith duit** agus ceann eile atá **lán de shiúcra**. Scríobh abairt faoin dá shampla.

E. Éist agus líon na bearnaí.

Liosta siopadóireachta Shíofra

Do Mham:
- _____ mór
- _____
- _____

Comhábhair don bhricfeasta:
- plúr
- _____
- _____
- _____
- _____ agus liomóid.

 Cén bricfeasta, meas tú, a bheidh á dhéanamh ag Síofra?

F. Dán.

Cad ba Chóir dom a Ithe?

Le Daire Mac Pháidín

Píotsa agus borgairí
Anois is arís,
Sceallóga agus ceibeab
Uair amháin sa mhí.

Prátaí agus arán
Minic go leor,
Milseáin agus seacláid
Ná téigh thar fóir!

Bí cúramach le siúcra
Ní aon chara duit é,
Cé go mbíonn sé milis
Is go deas i gcupán tae.

Glasraí agus torthaí
Cad is féidir a rá?
Ba chóir iad a ithe
Gach uile lá.

 Dar leis an bhfile, cad iad na bianna atá go maith duit?
Agus cad iad na bianna atá go dona duit?

Pirimid an bhia

G. Briathra: An Aimsir Chaite – an dara réimniú.

Ceangail
Cheangail mé
Cheangail tú
Cheangail sé
Cheangail sí
Cheanglaíomar (sinn)
Cheangail sibh
Cheangail siad

Oscail
D'oscail mé
D'oscail tú
D'oscail sé
D'oscail sí
D'osclaíomar (sinn)
D'oscail sibh
D'oscail siad

Inis
D'inis mé
D'inis tú
D'inis sé
D'inis sí
D'insíomar (sinn)
D'inis sibh
D'inis siad

1. _____ ribín timpeall an cháca breithlae. (ceangail, sí)
2. _____ an paicéad rís agus chuir sé an rís sa phota. (oscail, sé)
3. _____ dúinn inné faoi phirimid an bhia. (inis, tú)
4. _____ deoch shúilíneach ar maidin agus dhoirt sí i ngach áit. (oscail, mé)
5. _____ an liamhás le téad. (ceangail, an cócaire)
6. Bhí ocras orthu mar _____ cluiche fada peile sa ghairdín. (imir, siad)
7. _____ don mhúinteoir inniu faoin sailéad blasta a rinneamar. (inis, sinn)
8. _____ go maith sa chluiche mór inné. (imir, sibh)

 Scríobh cúig abairt ag baint úsáid as na briathra thuas.

Ar cheangail?
Cheangail / Níor cheangail.

Ar oscail?
D'oscail / Níor oscail.

Ar inis?
D'inis / Níor inis.

1. Ar cheangail siad a gcosa le chéile?
   _____

2. Ar imir Seán agus Oisín cispheil?
   _____

3. _____ an múinteoir dóibh conas píotsa a dhéanamh? D'inis.

4. _____ D'oscail.

H. Gramadach: Orduithe.

Gearr | Bain | Nigh | Cuir | Doirt | Measc | Cócaráil

Líon na bearnaí san oideas.

Anraith glasraí

1. _____ an leitís.
2. _____ an craiceann den chairéad agus den oinniún.
3. _____ suas na glasraí go léir.
4. _____ isteach i bpota iad le stoca, agus _____ le chéile iad.
5. _____ an t-anraith ar feadh fiche nóiméad.
6. _____ an t-anraith i mbabhla.
7. _____ taitneamh as!

Uatha

Gearr suas na glasraí.
Doirt ola isteach sa bhabhla.

Iolra

Gearraigí suas na glasraí.
Doirtigí ola isteach sa bhabhla.

Ceangail na horduithe agus scríobh an abairt san uimhir iolra.

Faigh	na deochanna súilíneacha.	_____
Ól	im ón gcuisneoir.	Faighigí im ón gcuisneoir.
Féach	an t-anraith a rinne mé.	_____
Cuir	an craiceann den oráiste.	_____
Blais	na treoracha san oideas.	_____
Measc	an meascán i bpota.	_____
Lean	na comhábhair le chéile.	_____
Bain	ar an gcáca a rinne mé.	_____

 Scríobh cúig ordú eile.

04 Cáitín sa Chistin

Eiseamláirí

| Ba mhaith liom ___ a dhéanamh. | An féidir leat cabhrú liom? |
| Cad iad na comhábhair a bheidh uaim? Beidh ___ uait. | Conas a dhéanfaidh mé é / í / iad? Tóg amach / Cuir / Measc / Doirt ___. |

Bhí cáca déanta ag mam Cháitín. D'fhág sí Cáitín ina haonar leis an gcáca. Shocraigh Cáitín beagán den reoán a bhlaiseadh ach níorbh fhada go raibh an reoán go léir ite aici. Ní raibh fágtha ach an cáca lom. Cad a dhéanfaidh sí?

Bhí an babhla mór fós ar an mbord. D'fhéach Cáitín isteach ann. Bhí beagán den reoán buí ann fós. Ach ní raibh mórán ann. 'Caithfidh mé a thuilleadh a dhéanamh!' arsa Cáitín. Ach conas? Conas mar a rinne Mam an reoán? Smaoinigh Cáitín tamall.

Bhí a fhios aici go raibh a lán siúcra ann mar bhí sé go dona do na fiacla. Cheap sí go raibh im ann freisin. Ach céard eile a bhí ann? 'Más reoán é,' ar sise léi féin, 'beidh rud éigin reoite ann, nach mbeidh?'

Bhí im agus siúcra fós ar an mbord, agus chuir sí isteach sa bhabhla iad.

Ansin shiúil sí go dtí an cuisneoir, d'oscail sí an doras agus d'fhéach sí isteach ann. Chonaic sí rud éigin reoite – uachtar reoite. 'Beidh uachtar reoite go hiontach!' ar sise.

Thug sí an t-uachtar reoite chuig an mbord agus chaith sí isteach sa bhabhla é.

Mheasc sí an t-im, an siúcra agus an t-uachtar reoite le spúnóg adhmaid. 'A Thiarcais!' ar sise. 'Is obair chrua í seo!' Stop sí agus lig sí a scíth.

D'fhéach sí isteach sa bhabhla. 'Ó bhó!' ar sí. 'Tá cuma uafásach ghránna ar an meascán seo.' 'Tá mé i dtrioblóid mhór,' ar sise. 'Cad a dhéanfaidh mé anois?'

Sliocht as an leabhar *Cáitín sa Chistin* le Stephanie Dagg. Daire Mac Pháidín a d'aistrigh.

Bia

A. Freagair na ceisteanna.

1. Cé hí an príomhcharachtar sa scéal?
2. Cad a bhí déanta ag mam Cháitín?
3. Cad a bhí á ithe ag Cáitín?
4. Cén dath a bhí ar an reoán?
5. Cad a chuir Cáitín sa bhabhla?
6. Cad a d'úsáid sí chun an t-im, an siúcra agus an t-uachtar reoite a mheascadh?
7. Cén fáth ar chuir Cáitín uachtar reoite sa mheascán?
8. Cén chuma a bhí ar an meascán?
9. Conas a mhothaigh Cáitín, meas tú?

An ndearna tusa cáca riamh? Cad a chuir tú ann?

B. Cad a tharla ansin?

_____
_____
_____

C. Déan achoimre ar an scéal.

Rinne _____. D'ith Cáitín _____ go léir. Rinne sí níos mó _____. D'úsáid sí _____. Bhí cuma _____ ar an meascán. Cheap sí go mbeadh sí i _____ mhór.

Cáitín sa Chistin

D. Comhrá.

Síofra: A Dhaid, ba mhaith liom borróga a dhéanamh. An féidir leat cabhrú liom?

Daid: Cinnte. Tóg amach babhla mór, spúnóg adhmaid agus na scálaí. Cuirfidh mé an t-oigheann ar siúl.

Síofra: Cad iad na comhábhair a bheidh uaim?

Daid: Beidh siúcra, plúr, im agus uibheacha uait.

Síofra: Ceart go leor. Tá gach rud anseo agam. Conas a dhéanfaidh mé iad?

Daid: Ar dtús, cuir leathchupán ime agus cupán siúcra sa bhabhla. Measc le chéile iad leis an spúnóg adhmaid.

Síofra: An bhfuil sé sin ceart?

Daid: Foirfe. Anois, cuir cupán plúir agus dhá ubh leis an meascán.

Síofra: Ceart go leor. An bhfuil an meascán réidh anois?

Daid: Tá. Seo duit na cásanna borróige. Doirt an meascán isteach go mall… Maith an cailín! Anois, cuir isteach san oigheann iad ar feadh fiche nóiméad.

E. Cad a dhéanfaidh mé?

 Ba mhaith liom seacláid the a dhéanamh. Conas a dhéanfaidh mé í?

Cuir púdar cócó agus bainne sa chupán agus **measc** le chéile iad.

Tóg — Cuir — Measc — Gearr — Cócaráil

1. Ba mhaith liom pancóga a dhéanamh. Conas a dhéanfaidh mé iad?
   _____ amach plúr, uibheacha agus bainne.

2. Ba mhaith liom curaí sicín a _____. Conas a _____ ____ é?
   _____ sicín agus púdar curaí i bpota.

3. Ba _____ _____ sailéad torthaí a dhéanamh. Conas ____
   _____ _____ _____?
   _____ suas anann, fíonchaora agus fraocháin ghorma. _____ i mbabhla iad.

4. _____ anraith _____. _____
   _____? _____ suas na glasraí. _____ i bpota iad le huisce. _____ é ar feadh fiche nóiméad.

 Scríobh na treoracha: Ba mhaith liom ubh bhruite a dhéanamh. Conas a dhéanfaidh mé é?

Bia

F. Éist agus scríobh na comhábhair.

G. Críochnaigh na habairtí.

'Tá **cuma ghránna ar** an meascán seo.'

| álainn | bhlasta | dhóite | shláintiúil | thuirseach | neirbhíseach |

1. Bhí cuma _____ ar na borróga a rinne Síofra.

2. 'Tá cuma _____ ar do ghúna nua,' arsa Mamó do Mham.

3. D'fhág Daid an dinnéar san oigheann rófhada. Níor theastaigh ó aon duine é a ithe mar bhí cuma _____ air.

4. 'Ó, tá cuma _____ ar do lón,' arsa Niamh nuair a chonaic sí an sailéad le piobar, abhacád agus liamhás a bhí déanta ag Magda.

5. Bhí cuma _____ ar Mhamó tar éis an dinnéar a ullmhú don teaghlach go léir.

6. Thug Mam faoi deara go raibh cuma _____ ar Oisín. Tar éis tamaill, fuair sí amach go raibh na brioscaí go léir a bhí sa chófra ite aige.

 Críochnaigh an abairt: Bhí cuma blasta ar ____.

Cáitín sa Chistin

H. Briathra: An Aimsir Chaite – briathra neamhrialta.

Abair	Beir	Bí	Clois
Dúirt mé	Rug mé	Bhí mé	Chuala mé
Dúirt tú	Rug tú	Bhí tú	Chuala tú
Dúirt sé	Rug sé	Bhí sé	Chuala sé
Dúirt sí	Rug sí	Bhí sí	Chuala sí
Dúramar (sinn)	Rugamar (sinn)	Bhíomar (sinn)	Chualamar (sinn)
Dúirt sibh	Rug sibh	Bhí sibh	Chuala sibh
Dúirt siad	Rug siad	Bhí siad	Chuala siad

1. _____ go raibh na borróga an-bhlasta ar fad. (abair, gach duine)
2. _____ ar an deoch go tapa nuair a chonaic mé é ag titim. (beir, mé)
3. Cheap Oisín go raibh Síofra sa ghairdín ach _____ sa chistin. (bí, sí)
4. _____ go bhfuil fraocháin ghorma go maith duit. (clois, siad)
5. _____ go raibh cuma uafásach gránna ar mo churaí. (abair, tú)
6. D'itheamar dinnéar blasta nuair a _____ sa bhialann nua. (bí, sinn)
7. _____ ar bhur mboscaí lóin ag dul amach ar maidin. (beir, sibh)
8. _____ áthas ar Dhaid nuair a _____ an clár cócaireachta ag tosú. (bí) (clois, sé)

⭐ Scríobh cúig abairt ag baint úsáid as na briathra thuas.

An ndúirt?	Ar rug?	An raibh?	Ar chuala?
Dúirt / Ní dúirt.	Rug / Níor rug.	Bhí / Ní raibh.	Chuala / Níor chuala.

1. Ar chuala Oisín Tafaí ag tafann?
   _____

2. An raibh pióg déanta ag Síofra?
   _____

3. _____ Daid go bhfuil cuma bhlasta ar an gcáca?
   Dúirt.

4. _____
   Níor rug. Rug Tafaí ar na hispíní.

Bia

I. Gramadach: An forainm réamhfhoclach 'le'.

le — Ba mhaith **le** Síofra reoán a dhéanamh.

liom (mé)	**leat** (tú)	**leis** (sé)	**léi** (sí)
Ba mhaith **liom** rís a dhéanamh.	Ar mhaith **leat** anraith a dhéanamh?	Ba mhaith **leis** borróga a dhéanamh.	Ba mhaith **léi** pasta a dhéanamh.

linn (sinn)	**libh** (sibh)	**leo** (siad)
Ba mhaith **linn** sicín rósta a dhéanamh.	Ar mhaith **libh** píotsa a dhéanamh?	Ba mhaith **leo** sceallóga a dhéanamh.

1. Ba mhaith _____ curaí agus rís le haghaidh an dinnéir anocht. (mé)
2. Ní maith _____ deochanna súilíneacha mar tá siad go dona duit. (sé)
3. Is aoibhinn _____ an bhialann éisc mar bíonn bradán álainn acu. (sinn)
4. An féidir _____ cabhrú le Mam chun an lón a ullmhú? (sibh)
5. I rith an tsamhraidh, is breá _____ fraocháin ghorma a phiocadh. (siad)
6. An féidir _____ na huibheacha agus an plúr a mheascadh le chéile? (tú)
7. Chuaigh Oisín _____ chun na comhábhair a cheannach. (Mamó)
8. Taitníonn bia sláintiúil go mór _____. (sí)

⭐ Scríobh cúig abairt ag baint úsáid as na réamhfhocail thuas.

J. Na fuaimeanna: 'o' agus 'ó'. Cuir na litreacha in ord.

al**o**	**ó**nnac	cínsi st**ó**ra	pta**o**

st**ó**at dite**ó**	cair**ó**ce	chtú**o**dir	Tá rasc**o** air.

⭐ Scríobh cúig abairt ag baint úsáid as na focail thuas.

Cáitín sa Chistin

K. Cuir an t-oideas in ord.

Cáca seacláide

Comhábhair:

 ½ chupán ime

 1 chupán siúcra

 1 chupán plúir

 ½ chupán púdar cócó

 2 ubh

Trealamh:

 stán bácála

 spúnóg

 babhla

Am:

 Tríocha nóiméad

Modh:

1. ___
2. ___
3. ___
4. ___
5. ___
6. ___
7. ___
8. ___
9. ___
10. ___

- Smear an stán bácála le him.
- Cuir an t-oigheann ar siúl (180°C).
- Cuir an plúr, an cócó agus na huibheacha sa bhabhla agus measc iad.
- Cuir an stán bácála isteach san oigheann.
- Doirt an meascán isteach sa stán bácála.
- Cuir reoán ar an gcáca más mian leat.
- Tóg an cáca amach as an oigheann.
- Measc an siúcra agus an t-im sa bhabhla.
- Fág an meascán san oigheann ar feadh 20 nóiméad.
- Bain taitneamh as!

L. Scríobh d'oideas féin.

Brioscaí sceallaí seacláide

Comhábhair:

 ½ chupán ime

 1 chupán siúcra

 1 ubh

 2 chupán plúir

 1 taespúnóg púdar bácála

 1 taespúnóg salainn

 1 chupán sceallaí seacláide

Trealamh:

 spúnóg

 babhla

 tráidire bácála

Am:

Fiche nóiméad

1. Cuir	2. Smear	3. Measc	4. Cuir, measc	5. Cuir, measc

6. Cuir, measc	7. Doirt	8. Cuir, fág	9. Tóg	10. Bain

Modh:

1. _____
2. _____
3. _____
4. _____
5. _____
6. _____
7. _____
8. _____
9. _____
10. _____

05 An seomra nua

Eiseamláirí

___ is ea é.	Tá sé cuíosach mór / beag.
Tá ___ seomra againn.	Thuas / thíos staighre, tá ___.
Tá ___ ann. Tá ___ sa ___. Tá ___ ar an ___.	Tá dath ___ ar ___.

Sa bhaile

A. Léigh na téacsanna.

Máire
Haigh, a Shíofra. Aon scéal?

Síofra
Haigh! Tá! Tá an seomra nua beagnach réidh! 🙌 Chríochnaigh na tógálaithe an díon aréir. Tá siad ag cur na bhfuinneog isteach ann inniu agus ansin beimid in ann na ballaí a phéinteáil. 🎨

Máire
Go hálainn! 👏 Cén dath a roghnaigh tú ar deireadh?

Síofra
Liath. Ní maith le Mam é, ach is linne an seomra!

Máire
Tá sé sin fíor. Ar cheannaigh tú aon rud deas don seomra?

Síofra
Cheannaigh mé cúpla póstaer inné. Crochfaidh mé iad ar na ballaí. Ba mhaith liom dhá chathaoir chompordacha a chur in aice leis an bhfuinneog mhór freisin. 😊

Máire
Go deas! Táim ag tnúth go mór leis an seomra seo a fheiceáil! 😀

Síofra
A Mháire, caithfidh mé imeacht anois. Tá orm an phéinteáil a thosú. Beidh mé ag caint leat ar ball!

Máire
Slán! Beidh mé ag caint leat arís go luath!

B. Freagair na ceisteanna.

1. Cé léi a bhfuil Síofra ag caint?
2. Cad tá beagnach réidh?
3. Cathain a chríochnaigh na tógálaithe an díon?
4. Cad tá na tógálaithe ag déanamh inniu?
5. Cén dath a roghnaigh Síofra don seomra nua?
6. Cad a cheannaigh Síofra don seomra nua?
7. Cá gcuirfidh Síofra an dá chathaoir, má fhaigheann sí iad?
8. Cén fáth a gcaithfidh Síofra imeacht ag an deireadh?
9. Cén fáth, meas tú, a bhfuil seomra nua ag teastáil ón teaghlach?

Smaoinigh go bhfuil tú féin ag tógáil seomra nua i do theach. Cad a chuirfidh tú ann?

An seomra nua

C. Comhrá.

Agallóir: Inis dom faoi do theach, a Oisín.
Oisín: Teach dhá stór is ea é. Tá dath donn air. Tá sé cuíosach mór.
Agallóir: Cé mhéad seomra atá agaibh?
Oisín: Bhuel, bhí seacht seomra againn ach thógamar seomra nua ar chúl an tí. Tá ocht seomra againn anois. Thuas staighre, tá ceithre sheomra codlata agus seomra folctha. Thíos staighre, tá cistin, seomra suite agus an seomra cluichí nua.
Agallóir: Go breá. Inis dom faoin seomra cluichí nua.
Oisín: Tá teilifís, consól cluichí agus seilfeanna lán de leabhair ann. Tá bord mór agus cathaoireacha compordacha sa seomra freisin. Chuireamar dath liath ar na ballaí. Chroch mo dheirfiúr, Síofra, póstaeir sheolta timpeall an tseomra freisin.
Agallóir: Déarfainn go bhfuil sé go breá.
Oisín: Tá! An chéad rud eile ná mo chairde a thabhairt isteach ann.

D. Cá bhfuil tú i do chónaí?

 i dteach dhá stór   i mbungaló   in árasán

 teach scoite   teach leathscoite   teach sraithe

 1. Cónaím **i dteach dhá stór**. **Teach sraithe** is ea é.

 2. Cónaím ____ _____. _____ _____ is ea é.

 3. Cónaím _____ _____. Tá sé ar an tríú hurlár.

 4. Cónaím _____.

 Déan cur síos ar do theach féin ag baint úsáid as na focail thuas.

Sa bhaile

E. Éist agus ceangail.

| Daithí | Orlaith | Tomás | Aoife | Michal | Niamh |

F. Dán.

Tithe
Le Daire Mac Pháidín

Bíonn cónaí ar an Eiscimeach
In íoglú bán beag fuar,
Bíonn cónaí ar an Indiach Rua
I dtípí breá mór.

Bhí cónaí ar mo mhamó
I dteachín beag ceann tuí,
Bhí cónaí ar na manaigh
Ar Sceilig Mhichíl!

Bungaló beag nó árasán mór,
Bothán bídeach nó teach dhá stór,
Caisleán mór i bhfad i gcéin.
Ach is fearr liom go mór
Mo theachín beag féin.

Liostaigh na cineálacha tithe difriúla sa dán.

An seomra nua

G. Briathra: An Aimsir Chaite – briathra neamhrialta.

Déan	Faigh	Feic	Ith
Rinne mé	Fuair mé	Chonaic mé	D'ith mé
Rinne tú	Fuair tú	Chonaic tú	D'ith tú
Rinne sé	Fuair sé	Chonaic sé	D'ith sé
Rinne sí	Fuair sí	Chonaic sí	D'ith sí
Rinneamar (sinn)	Fuaireamar (sinn)	Chonaiceamar (sinn)	D'itheamar (sinn)
Rinne sibh	Fuair sibh	Chonaic sibh	D'ith sibh
Rinne siad	Fuair siad	Chonaic siad	D'ith siad

1. _____ jab maith den seomra nua. (déan, an t-ailtire)
2. _____ an casúr agus na tairní agus chroch sí an pictiúr suas. (faigh, sí)
3. _____ an dinnéar amuigh mar bhí an ghrian ag taitneamh. (ith, sinn)
4. _____ an tógálaí ag obair go dian. (feic, siad)
5. Ar a sé a chlog, _____ an dinnéar. (déan, mé)
6. _____ adhmad, tíleanna agus sábh sa gharáiste aréir. (faigh, sibh)
7. Nuair a thug mé píosa cáca duit, níor _____ ach an reoán. (ith, tú)
8. _____ scannán iontach sa phictiúrlann inné. (feic, sé)

⭐ Scríobh cúig abairt ag baint úsáid as na briathra thuas.

An ndearna?	An bhfuair?	An bhfaca?	Ar ith?
Rinne / Ní dhearna.	Fuair / Ní bhfuair.	Chonaic / Ní fhaca.	D'ith / Níor ith.

1. Ar ndearna Síofra borróga blasta?
   _____

2. An bhfuair Daid casúr sa bhosca?
   _____

3. _____ Mam Oisín ag iompar adhmad trom?
   Ní fhaca.

4. _____
   Níor ith an tógálaí a chuid ceapairí. D'ith Tafaí iad.

Sa bhaile

H. Gramadach: Réamhfhocail.

ar an	faoin	thar an	in aice leis an	sa
ar an mbríce	faoin mbríce	thar an mbríce	in aice leis an mbríce	sa bhríce

1. Tá cathaoir _____ _____. (fuinneog)
2. Tá bord beag _____. (fuinneog)
3. Tá póstaer _____. (cófra)
4. Tá Lóla ina codladh _____. (cathaoir)
5. Tá Tafaí ag pleidhcíocht _____. (bosca)

ag barr	ag bun	ar chúl	os comhair

an tí   an staighre   an dréimire   na scoile

1. Tá bóthar mór nua _____ _____.
2. Sheas an tógálaí _____ _____.
3. Thóg siad halla nua _____ _____.
4. D'fhan Lóla _____ _____ go dtí gur tháinig Síofra anuas.

Scríobh cúig abairt ag baint úsáid as na réamhfhocail 'faoin', 'thar an', 'in aice leis an', 'ar chúl' agus 'os comhair'.

06 Tine!

Eiseamláirí

Conas is féidir liom cabhrú leat?	Tá cabhair uaim.
Ná bí buartha.	Cad é an seoladh?
Beidh ___ ann go luath.	Go raibh maith agat as do chabhair.

Ní chreidfeá cad a tharla Oíche Shamhna…

Bhí mé ag dul ó theach go teach nuair a chonaic mé buachaill ag pleidhcíocht. Chaith sé pléascóg thar bhalla gairdín agus isteach trí fhuinneog. Nuair a phléasc an phléascóg chuaigh an seomra trí thine. Chonaiceamar na lasracha tríd an bhfuinneog agus an deatach ag teacht amach as.

Chuir mo chara Niamh fios ar an mbriogáid dóiteáin láithreach. Cheapamar nach raibh aon duine sa teach mar ní raibh carr amuigh. Ach go tobann chuala mé madra ag tafann. D'fhéach mé suas agus chonaic mé madra beag ag fuinneog oscailte. Bhí sé ag crith le heagla. Bhí mo chroí i mo bhéal.

D'fhéach mé ar an mála mór milseán i mo lámh. Bhí plean agam. Léim mé thar an mballa ar luas lasrach. Chaith mé milseán amháin suas chuig an madra. Go tapa, chaith mé roinnt milseán eile amach ar an trampailín. Nuair a chonaic an madra na milseáin léim sé anuas ar an trampailín. Bhí sé slán sábháilte.

Tar éis cúpla nóiméad, tháinig an bhriogáid dóiteáin. Steall siad uisce ar an teach go dtí go raibh an dóiteán múchta. Faoi dheireadh, tháinig muintir an tí ar ais. Bhí uafás orthu ach bhí áthas an domhain orthu freisin nuair a chonaic siad an madra beag agus é slán sábháilte. Dúirt siad gur laoch mé.

…Chualamar níos déanaí gur rug na gardaí ar an mbuachaill a chaith an phléascóg. Ní dhéanfaidh mé dearmad go deo ar an Oíche Shamhna sin!

Sa bhaile

A. Freagair na ceisteanna.

1. Cé atá ag insint an scéil seo?
2. Cathain a tharla an tine seo?
3. Conas a chuaigh an phléascóg isteach sa teach?
4. Cé a chuir fios ar an mbriogáid dóiteáin?
5. Cén fáth ar cheap na páistí nach raibh aon duine sa teach?
6. Cá raibh an madra nuair a chonaic Seán é?
7. Cad a d'úsáid Seán chun an madra a chur ag léim amach tríd an bhfuinneog?
8. Conas a mhothaigh muintir an tí nuair a tháinig siad ar ais?
9. Cad a dúirt na gardaí leis an mbuachaill a chaith an phléascóg, meas tú?

⭐ Lig ort go bhfeiceann tú teach trí thine. Cad a dhéanann tú?

B. Inis an scéal ó thaobh an chailín a chónaíonn sa teach.

Tine i mo theach

Oíche Shamhna | tháinig mé abhaile | chonaic | deatach agus lasracha | an bhriogáid dóiteáin | imní | eagla | ag caoineadh | mo mhadra | istigh | buachaill | ina lámha | gliondar croí

_____
_____
_____
_____
_____
_____

Tine!

C. Comhrá.

Na seirbhísí éigeandála: Dia duit. Conas is féidir liom cabhrú leat?

Niamh: Tá cabhair uaim. Tá teach trí thine. Feicim lasracha tríd an bhfuinneog agus tá deatach ag teacht amach as, freisin.

Na seirbhísí éigeandála: Ná bí buartha. Cad é an seoladh?

Niamh: 12 Radharc na Mara, An Cnoc Dubh.

Na seirbhísí éigeandála: Beidh an bhriogáid dóiteáin ann go luath. An bhfuil aon duine sa teach?

Niamh: Ní dóigh liom é. Níl aon charr os comhair an tí.

Na seirbhísí éigeandála: Ceart go leor. Ar mhaith leat fanacht ar an bhfón go dtí go dtagann siad?

Niamh: Níor mhaith. Go raibh maith agat as do chabhair. Slán.

Na seirbhísí éigeandála: Tá fáilte romhat. Slán.

D. Scríobh an comhrá.

Tá siopa trí thine.   Tá duine éigin gortaithe.

Bhí timpiste ar an mbóthar.   Chonaic mé gadaí ag dul isteach trí fhuinneog.

an bhriogáid dóiteáin   otharcharr   na gardaí

Dia duit. Conas is féidir liom _____ leat?

Tá cabhair _____. _____
_____

Ná bí buartha. Cad é _____?

2 Páirc na Manach, Baile Átha Cliath.

Beidh _____ ann go luath. Ar mhaith leat fanacht ar an bhfón go dtí go dtagann _____?

Níor mhaith. Go raibh maith agat as _____. Slán.

Tá fáilte romhat. Slán.

Cad é do sheoladh?

Sa bhaile

E. Nuair a...

Ceangail.

Nuair a thit an choinneal ar an gcairpéad	**nuair a** bhuaigh siad an cluiche.
Nuair a chonaic Lóla an madra ag teacht	rug na gardaí air.
Bhí áthas an domhain orthu	chuaigh an seomra trí thine.
Nuair a léim an gadaí amach	**nuair a** chonaic mé deatach sa halla.
Bhí mo chroí i mo bhéal	léim sí anuas ar an mballa.

Críochnaigh na habairtí seo.

1. **Nuair a** chonaic Seán timpiste uafásach _____.
2. **Nuair a** bhí pian uafásach i mo cheann _____.
3. **Nuair a** thosaigh sé ag cur báistí _____.

F. Cuir snas ar na habairtí.

Abairtí	Abairtí snasta
 1. Chuir Niamh fios ar an mbriogáid dóiteáin.	1. Chuir Niamh fios ar an mbriogáid dóiteáin **láithreach**.
 2. Léim mé thar an mballa.	2. Léim mé thar an mballa **ar luas lasrach**.
 3. Chaith mé milseáin ar an trampailín.	3. **Go tapa**, chaith mé milseáin ar an trampailín.

1. Léim an madra anuas ar an trampailín.

2. Rug na gardaí ar an mbuachaill.

3. Rith Seán síos an bóthar.

4. Chuir Mam fios ar an dochtúir.

1. _____
2. _____
3. _____
4. _____

 Scríobh na nathanna thuas in abairtí.

Tine!

G. Briathra: An Aimsir Chaite – briathra neamhrialta.

Tabhair

Thug mé
Thug tú
Thug sé
Thug sí
Thugamar (sinn)
Thug sibh
Thug siad

Tar

Tháinig mé
Tháinig tú
Tháinig sé
Tháinig sí
Thángamar (sinn)
Tháinig sibh
Tháinig siad

Téigh

Chuaigh mé
Chuaigh tú
Chuaigh sé
Chuaigh sí
Chuamar (sinn)
Chuaigh sibh
Chuaigh siad

1. Oíche Shamhna, _____ ó theach go teach. (téigh, sinn)
2. _____ bindealán dom nuair a thit mé sa chlós. (tabhair, tú)
3. Nuair a ghlaoigh Mam ar an mbriogáid dóiteáin, _____ láithreach. (tar, siad)
4. Nuair a bhris mé mo lámh, _____ go dtí an t-ospidéal. (téigh, mé)
5. _____ an iomarca milseán do na páistí. (tabhair, sibh)
6. _____ abhaile ar a leathuair tar éis a sé. (tar, sí)
7. _____ go dtí an siopa chun torthaí a cheannach. (téigh, sé)
8. _____ a sheoladh nua dom. (tabhair, mo chara)

⭐ Scríobh cúig abairt ag baint úsáid as na briathra thuas.

Ar thug?	Ar tháinig?	An ndeachaigh?
Thug / Níor thug.	Tháinig / Níor tháinig.	Chuaigh / Ní dheachaigh.

1. An ndeachaigh an bhriogáid dóiteáin go dtí an timpiste bhóthair?
   _____

2. Ar thug Oisín cúpla milseán do Thafaí?
   _____

3. _____ na páistí ó theach go teach?
   Chuaigh.

4. _____
   Tháinig an dochtúir.

Sa bhaile

H. Gramadach: Isteach / istigh agus amach / amuigh.

 Tá Lóla ag siúl isteach.

 Tá Tafaí ag rith amach.

 Tá Lóla istigh anois.

 Tá Tafaí amuigh anois.

1. D'fhan na páistí _____ sa ghairdín an lá ar fad.
2. An bhfuil aon duine _____ sa teach?
3. Rith Síofra _____ sa chaifé nuair a thosaigh sé ag stealladh báistí.
4. Rith an teaghlach _____ as an teach go tapa nuair a chuaigh an chistin trí thine.
5. Bíonn ar na páistí suí _____ sa seomra ranga ag am lóin ar lá fliuch.
6. Bhí Seán ag dul _____ an doras nuair a chuala sé an fón ag bualadh.

 Scríobh cúig abairt ag baint úsáid as na focail 'amach', 'amuigh', 'isteach' agus 'istigh'.

I. Na fuaimeanna: 'u' agus 'ú'. Roghnaigh an litir cheart.

 l__ch

 sp__nóg

 s__bh

 b__s

 c__pla garda

 cas__r

 ag cabhr__

 g__na n__a

 Scríobh cúig abairt ag baint úsáid as na focail thuas.

Tine!

J. Scríobh faoi do theach.

Cónaím _____

Thuas staighre _____

Thíos staighre _____

Is breá liom mo sheomra codlata. Tá _____

---

in árasán	donn	ceithre sheomra	naoi seomra
i mbungaló	dubh	cúig sheomra	deich seomra
i dteach dhá stór	bán	sé sheomra	aon seomra dhéag
i dteach trí stór	dearg	seacht seomra	dhá sheomra dhéag
i dteach scoite	liath	ocht seomra	
i dteach leathscoite	buí		
i dteach sraithe			

seomra codlata	leaba	cuirtíní
seomra folctha	cófra	póstaeir
áiléar	vardrús	duivé
cistin	deasc	lampa
seomra bia		
seomra suite	ar an	in aice leis an	ag bun
seomra spraoi	faoin	sa	ar chúl
	thar an	ag barr	os comhair

Sa bhaile

K. Scríobh an scéal.

Tine!

Mam   Liam   chonaic   deatach   ag teacht as   thuas staighre   imní

rith   seomra suite   ar an tolg   cluiche ríomhaire   dúirt   go raibh
teach trí thine   thosaigh   ag crith

chuaigh   seomra codlata   coinneal   in aice leis   cuirtín
chuir sé / sí fios   an bhriogáid dóiteáin   láithreach

tar éis cúpla nóiméad   tháinig   dóiteán múchta   cúpla nóiméad
áthas   slán sábháilte

Súil siar A

A. Briathra: An Aimsir Chaite.

Bricfeasta Oisín

tóg   measc   cuir   tit
rith   dúisigh   éirigh
oscail   bí   clois

Maidin inné, _____ Oisín go luath. Shocraigh sé bricfeasta blasta a dhéanamh. _____ sé plúr, siúcra agus uibheacha le chéile. _____ sé an meascán san oigheann agus lig sé a scíth sa seomra cluichí. Cad é a tharla ansin ach gur _____ sé ina chodladh!

_____ sé de phreab nuair a _____ sé an t-aláram dóiteáin ag bualadh. _____ sé isteach sa chistin ar luas lasrach. Rith Mam agus Daid isteach freisin. _____ an seomra lán de dheatach. _____ Daid an meascán dóite as an oigheann agus _____ Mam na fuinneoga go léir.

Bhí cuma chrosta ar Mham agus ar Dhaid. Bhí cuma bhrónach ar Oisín bocht. Agus bhí cuma uafásach ar an mbricfeasta scriosta.

> Scríobh do scéal féin ag baint úsáid as cuid de na briathra thuas.

B. Gramadach: Ceartaigh na botúin.

Mo chara Alex

Seo é ~~mo cara~~ **mo chara** nua Alex. Is as an Spáinn dó ach cónaíonn sé anseo **i Éirinn** anois. Tá deirfiúr amháin aige. Is breá **liom** sacar. Tá sé ina chónaí **ar an príomhshráid** in aice leis an bpáirc. Cónaím **in aice leis an páirc** freisin. Téim **amuigh** go dtí an pháirc **léi** ag imirt sacair ag an deireadh seachtaine. Imrímid **sa páirc** go dtí go gcloisimid **ár tuismitheoirí** ag glaoch orainn. 'Tar **istigh** le haghaidh an dinnéir!' a deir siad.

> Scríobh trí abairt le botúin agus tabhair do do chara iad chun na botúin a cheartú.

Súil siar

C. Crosfhocal.

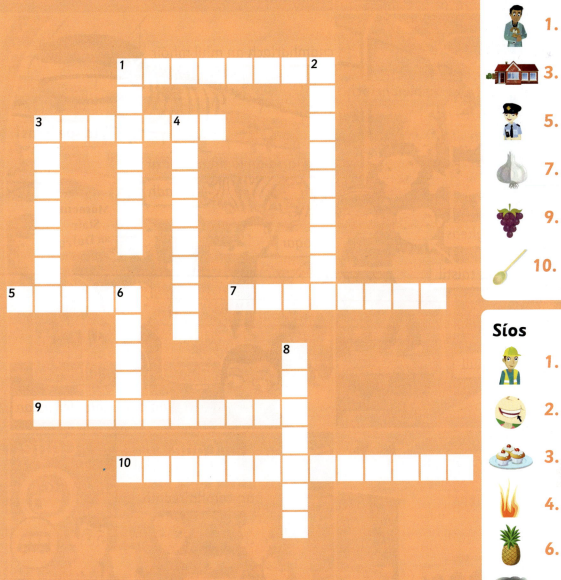

Trasna
1. _____
3. _____
5. _____
7. _____
9. _____
10. _____

Síos
1. _____
2. _____
3. _____
4. _____
6. _____
8. _____

Cuir cúig cinn de na focail thuas in abairtí.

D. Seanfhocal.

Ní bhíonn deatach ann gan tine.

Tarraing pictiúr chun an seanfhocal a mhíniú.

07 An turas scoile

Eiseamláirí

An bhfaca tú ___?
An bhfuil a fhios agat cén t-am a mbeidh ___ againn?
Timpeall ___. / Beidh ___ againn ar ___.

Nach raibh ___?
Brostaígí, ba mhaith liom ___ a fheiceáil.
Ar aghaidh linn go dtí ___.

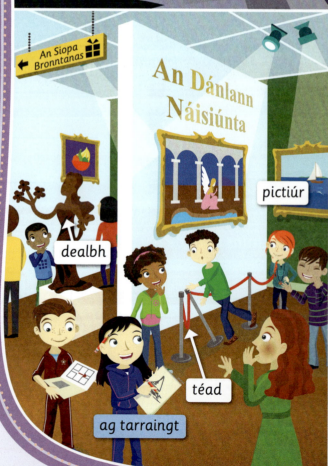

An scoil

A. Léigh an cúrsa taistil.

Cúrsa Taistil do Thuras Scoile
Rang 5

9.00am	Teacht le chéile ag geata na scoile. An bus ag fágáil ar a deich tar éis a naoi.
10.00am	Cuairt ar Mhúsaem Stair an Dúlra, le féachaint ar na taispeántais.
11.00am	Sos sa pháirc.
11.20am	Siúlóid go dtí an Dánlann Náisiúnta.
11.30am	Cuairt ar an Dánlann Náisiúnta, le féachaint ar na pictiúir agus na dealbha.
1.00pm	Fiche nóiméad sa siopa bronntanas.
1.20pm	Siúlóid ar ais go dtí an pháirc.
1.30pm	Lón sa pháirc.
2.00pm	Am súgartha sa pháirc.
2.30pm	Ar ais ar an mbus.
3.30pm	Ar ais ar scoil. Na páistí le bailiú roimh cheathrú chun a ceathair.

- Is féidir leis na páistí a gcuid éadaí féin a chaitheamh.
- Ba chóir do na páistí sneaic bheag, lón agus deochanna a thabhairt leo.
- Caithfidh na páistí aon leigheas a chaitheann siad a thabhairt leo.
- Is féidir leis na páistí airgead póca a thabhairt leo, suas le cúig euro.

B. Freagair na ceisteanna.

1. Cá mbeidh na páistí ag teacht le chéile?
2. Cén t-am a mbeidh siad ag teacht le chéile?
3. Cá mbeidh na páistí ag dul ar dtús?
4. Cén t-am a mbeidh sos acu?
5. Cá mbeidh na páistí ag dul tar éis Mhúsaem Stair an Dúlra?
6. Cad tá sa Dánlann Náisiúnta?
7. Cá mbeidh na páistí ar leathuair tar éis a trí?
8. Ainmnigh rud amháin **ar chóir** do na páistí a thabhairt leo agus rud eile **is féidir** leo a thabhairt leo.
9. An gceapann tú go bhfuil an dánlann i bhfad ón músaem? Cén fáth?

 Inis dúinn faoi thuras scoile a thaitin leat féin. Cá ndeachaigh tú agus cad a rinne tú ann?

An turas scoile

C. Comhrá.

Aoife: An bhfaca tú cnámharlach an mhíl mhóir? Nach raibh sé dochreidte?

Seán: Bhí. Agus nach raibh an tíogar thar barr?

Aoife: Gan dabht.

Seán: Tá mé lag leis an ocras. An bhfuil a fhios agat cén t-am a mbeidh an lón againn?

Aoife: Timpeall leathuair tar éis a haon. Ach beidh sos againn ar a haon déag.

Seán: Mí-ádh! Tá mé stiúgtha leis an ocras.

Aoife: Tá sé fiche chun a haon déag anois. Seo cúpla cnó duit.

Seán: Go raibh maith agat.

Aoife: Brostaigh, ba mhaith liom an tarantúla a fheiceáil.

Seán: Ach tá a fhios agat go bhfuil eagla ormsa roimh dhamháin alla!

Aoife: Á, ná bí buartha – tá sé marbh!

Seán: Ní féidir a bheith cinnte. Ar aghaidh linn go dtí na féileacáin. Tá siadsan níos sábháilte.

D. Ar turas scoile.

an leon   an rollchóstóir   an mumaí   an t-uan

an surfáil   na sioráif   an t-ochtapas

 ar an bhfeirm

 ag an bpáirc théama

 ag an zú

 ag an Músaem Staire

 ag an uisceadán

 ag an ionad eachtraíochta

1. An bhfaca tú _____ _____? Nach raibh sé an-bheag?

2. Ar aghaidh linn go dtí _____ _____.

3. Brostaígí, ba mhaith liom _____ _____ agus _____ _____ a fheiceáil.

4. An _____ tú _____ _____? Nach raibh sé dochreidte?

5. Brostaígí, ba _____ _____ _____ _____ a _____.

6. Ní maith liom an dreapadóireacht. Ar aghaidh _____ _____ _____ _____ _____.

 Cad ba mhaith leat féin a fheiceáil ar turas scoile?

An scoil

E. Éist agus líon na bearnaí.

Cúrsa Taistil do Thuras Scoile
Rang 2

9.00am	Teacht le chéile ag _____. An bus ag fágáil ar _____ tar éis a _____.
10.00am	Cuairt ar an _____, le féachaint ar _____.
12.00pm	_____ sa láthair phicnicí.
12.30pm	Am _____.
1.00pm	_____ nóiméad sa _____.
1.50pm	_____.

F. Dán.

Is Deas Liom Turas
Le Peadar Ó hAnnracháin

Is deas liom turas
Istigh i mbus,
Is suíochán fúm ag luascadh,
Lá breá geal,
Mé féin go slán,
's an bus thar barr ag gluaiseacht.

Gach tor, gach sceach,
Gach crann, gach teach,
Ag rith go mear ar chúl uainn,
Is ag dul chun cinn
Gan beann ar ghaoth
Mé féin ar mo shuíochán luascach.

Lá éigin fós
Nuair a bheidh mé mór
Is carn óir i mo mhála,
Ceannóidh mé bus
Is tabharfaidh mé turas
Do gach leanbh maith san áit seo.

An raibh tú ar turas bus riamh? Cad a chonaic tú amach an fhuinneog?

An turas scoile

G. Briathra: An Aimsir Láithreach – an chéad réimniú.

Dún

Dún**aim**
Dún**ann** tú
Dún**ann** sé
Dún**ann** sí
Dún**aimid** (sinn)
Dún**ann** sibh
Dún**ann** siad

Éist

Éist**im**
Éist**eann** tú
Éist**eann** sé
Éist**eann** sí
Éist**imid** (sinn)
Éist**eann** sibh
Éist**eann** siad

1. _____ ar a cúig a chlog gach lá. (dún, an músaem)
2. _____ le ceol sa charr gach maidin. (éist, siad)
3. _____ do mhála faoi do chathaoir gach lá. (fág, tú)
4. _____ éadaí scoile ar scoil. (caith, sinn)
5. Tar éis na scoile gach lá, _____ an seomra ranga. (glan, sí)
6. _____ ag stad an bhus gach tráthnóna. (fan, mé)
7. _____ bhur leabhair in bhur málaí gach lá. (cuir, sibh)
8. _____ sú oráiste ag am bricfeasta gach maidin. (ól, sé)

 Scríobh cúig abairt ag baint úsáid as na briathra thuas.

An ndúnann?
Dúnann / **Ní** dhúnann.

An éisteann?
Éisteann / **Ní** éisteann.

1. An bhfanann Oisín ag an doras gach maidin?
   _____

2. An gcuireann na páistí na leabhair sa mhála?
   _____

3. _____ Seán leigheas nuair a bhíonn sé tinn?
   Caitheann.

4. _____
   Éisteann.

An scoil

H. Gramadach: An t–am.

a naoi **a chlog**

leathuair tar éis a deich

ceathrú tar éis a haon déag

ceathrú chun a ceathair

a **deich** tar éis a hocht

a **deich** chun a dó dhéag

fiche tar éis a seacht

fiche chun a trí

 1. Beidh an bus ag fágáil ar _____.

 2. Beidh an lón againn ar _____.

 3. Tosaíonn an scoil ar _____ gach lá.

 4. Éirím timpeall _____ gach maidin.

 5. Ar aghaidh linn go dtí an trá ar _____.

 6. Tháinig an bus ar _____.

An bhfuil a fhios agat cén t-am a rugadh thú?

08 Scoileanna leis na blianta

Eiseamláirí

Tá mé ag freastal ar ___.	Scoil ___ is ea í.
Tá timpeall is ___ dalta i mo rang / sa scoil.	Tá an scoil suite ___. Níl sé ach ___ nóiméad ó mo theach.
Conas a théann tú ar scoil gach lá? Siúlaim / Téim ar an mbus / Faighim síob sa charr ó ___.	An gcaitheann tú éide scoile? Caitheann. / Ní chaitheann. Caithim ___.

Chuaigh mise ar scoil faoin tuath. Bhí an scoil an-bheag. Ní raibh ach trí rang ann. Bhí tine againn sa seomra ranga. Thug mé píosa adhmaid ar scoil liom go minic. Scríobh an múinteoir ar chlár dubh ag barr an tseomra. Shuigh gach duine i líne ag féachaint air. Chaitheamar éide scoile simplí – bríste agus geansaí liath agus léine bhán le carbhat dubh. Shiúil mé ar scoil gach lá – níos mó ná míle ón teach.

Chuaigh mise ar scoil i mbaile mór. Bhí an scoil cuíosach mór. Bhí tríocha trí dalta i mo rang. Scoil Chaitliceach ab ea í. Ní raibh ach cailíní sa scoil. Sa seomra ranga, shuíomar inár mbeirteanna, ag féachaint ar an múinteoir. Bhí an t-ádh linn mar bhí teilifís againn sa scoil. D'fhéachamar ar fhíseáin ó am go ham. Chaitheamar sciorta fada dearg, geansaí dearg, blús ban agus carbhat dearg. De ghnáth, shiúil mé ar scoil mar ní raibh sí ach deich nóiméad ón teach.

Tá mise ag freastal ar scoil sa chathair. Is scoil an-mhór í. Tá os cionn cúig chéad dalta anseo. Scoil mheasctha is ea í, le cailíní agus buachaillí. Scoil Chaitliceach is ea í ach tá a lán scoileanna difriúla in Éirinn inniu. Tá mo chara ag freastal ar scoil Oideachas le Chéile. Ní chaitheann siad éide scoile ar chor ar bith. Tá go leor daoine ó thíortha eile ag freastal ar ár scoil. Suímid i ngrúpaí beaga sa seomra ranga agus siúlann an múinteoir timpeall, ag cabhrú linn. Tá a lán áiseanna digiteacha againn, mar shampla clár bán idirghníomhach agus iPadanna. Faighim síob ar scoil sa charr ó Mham nó Daid gach lá.

An scoil

A. Freagair na ceisteanna.

1. Cá ndeachaigh Daideo ar scoil?
2. Cé mhéad rang a bhí i scoil Dhaideo?
3. Conas a shuigh na daltaí i scoil Mham?
4. Conas a chuaigh Mam ar scoil, de ghnáth?
5. Cá bhfuil scoil Oisín suite?
6. Cén sórt scoile ina bhfuil cara Oisín?
7. Ainmnigh dhá áis dhigiteacha i scoil Oisín.
8. Cad a dhéanann múinteoir Oisín sa seomra ranga?
9. Cad é an difríocht is mó idir scoil Dhaideo agus scoil Oisín, i do thuairim?

> Ainmnigh cosúlacht amháin agus difríocht amháin idir do scoil agus scoil Oisín.

B. Fíor nó bréagach?

1. Bhí scoil Dhaideo cuíosach mór.
2. Thug Daideo píosa adhmaid ar scoil leis go minic.
3. Bhí timpeall is fiche dalta i rang Mham.
4. Chaith Mam sciorta dearg, geansaí dearg agus blús bán ar scoil.
5. Ní raibh ach buachaillí i scoil Oisín.
6. Scoil Oideachas le Chéile is ea scoil Oisín.
7. Siúlann Oisín ar scoil gach lá mar tá a scoil suite in aice lena theach.
8. Tá níos mó áiseanna i scoil Oisín ná mar a bhí i scoil Dhaideo.

C. Déan achoimre ar an eolas.

Daideo:
- faoin tuath
- an-bheag
- shuigh siad i líne
- shiúil siad

Mam:
- baile mór
- cuíosach mór
- _____
- _____

Oisín:
- cathair
- _____
- _____
- _____

Scoileanna leis na blianta

D. Comhrá.

Agallóir: Cén rang ina bhfuil tú?
Síofra: Tá mé i Rang a Cúig.
Agallóir: Inis dom faoi do scoil.
Síofra: Tá mé ag freastal ar Scoil Naomh Muire. Scoil an-mhór is ea í. Tá timpeall is cúig chéad dalta anseo.
Agallóir: An scoil mheasctha í?
Síofra: Is ea. Tá cailíní agus buachaillí ag freastal uirthi.
Agallóir: Cá bhfuil an scoil suite?
Síofra: Tá an scoil suite sa chathair. Níl sí ach deich nóiméad ó mo theach.
Agallóir: Conas a théann tú ar scoil gach lá?
Síofra: De ghnáth, faighim síob sa charr ó Mham nó ó Dhaid.
Agallóir: An gcaitheann tú éide scoile?
Síofra: Caitheann. Caithim geansaí dearg, sciorta liath agus léine ghorm. Caithimid carbhat le stríoca gorma agus oráiste, freisin.
Agallóir: Cén t-ábhar scoile is fearr leat?
Síofra: Is maith liom ealaín agus stair ach is é Béarla an t-ábhar is fearr liom.

E. Inis dom faoi do scoil.

| sa bhaile mór | fiche | éide scoile | cúig | siúlaim |
| mheasctha | Rang a Dó | drámaíocht | Oideachas le Chéile |

Is mise Ruairí. Is cara Oisín mé.

Tá mé i _____.

Tá mé ag freastal ar scoil _____. Scoil _____ is ea í.

Tá timpeall is _____ dalta i mo rang.

Tá an scoil suite _____. Níl sí ach _____ nóiméad ó mo theach. _____ ar scoil go minic.

Ní chaithimid _____ anseo. De ghnáth, caithim bríste agus t-léine nó geansaí ar scoil.

Is é _____ an t-ábhar is fearr liom.
Ní maith liom matamaitic.

 Scríobh cúpla abairt faoi do scoil féin.

An scoil

F. Éist agus ceangail.

Seán	Aoife	Daithí	Niamh	Magda	Liam

G. Cé chomh minic?

gach lá scoile

_____
_____
_____
_____

go minic

_____
_____
_____
_____

ó am go ham

_____
_____
_____
_____

- Caitheann Síofra éide scoile.
- D'fhéach na daltaí i rang Mham ar an teilifís.
- Thug Daideo píosa adhmaid leis ar scoil.
- Faigheann Oisín síob ó Mham nó Daid.
- Déanaim mata ar scoil.
- Bíonn rang corpoideachais agam.
- Féachaim ar scannáin.
- Éistim ar scoil.
- Téann mo rang ar turas scoile.

Scríobh trí abairt fút féin agus faoi do scoil ag baint úsáid as 'gach lá scoile', 'go minic' agus 'ó am go ham'.

Scoileanna leis na blianta

H. Briathra: An Aimsir Láithreach – an dara réimniú.

Tosaigh

Tosaím
Tosaíonn tú
Tosaíonn sé
Tosaíonn sí
Tosaímid (sinn)
Tosaíonn sibh
Tosaíonn siad

Éirigh

Éirím
Éiríonn tú
Éiríonn sé
Éiríonn sí
Éirímid (sinn)
Éiríonn sibh
Éiríonn siad

Imir

Imrím
Imríonn tú
Imríonn sé
Imríonn sí
Imrímid (sinn)
Imríonn sibh
Imríonn siad

1. _____ ar a naoi a chlog gach lá. (tosaigh, an scoil)
2. _____ go luath gach maidin scoile. (éirigh, mé)
3. _____ peil ag am lóin go minic. (imir, sé)
4. _____ ag obair ar na iPadanna tar éis lóin. (tosaigh, sinn)
5. De ghnáth, _____ éide scoile nua i mí Lúnasa. (ceannaigh, siad)
6. _____ scéalta dúinn ó am go ham. (inis, sí)
7. _____ Liam gach maidin. (bailigh, sibh)
8. _____ go han-mhaith i do chluichí cispheile i gcónaí. (imir, tú)

 Scríobh cúig abairt ag baint úsáid as na briathra thuas.

An dtosaíonn?
Tosaíonn / **Ní t**hosaíonn.

An éiríonn?
Éiríonn / **Ní** éiríonn.

An imríonn?
Imríonn / **Ní** imríonn.

1. An dtosaíonn an scoil ar a naoi a chlog?
   _____

2. An éiríonn tú go luath gach maidin scoile?
   _____

3. An imríonn tú aon spórt?
   _____

4. An gcríochnaíonn an scoil ar cheathrú chun a trí?
   _____

5. An gceannaíonn tú aon rud le do chuid airgid póca?
   _____

An scoil

I. Gramadach: An forainm réamhfhoclach 'ag'.

 ag — Bhí tine **ag** Daideo sa seomra ranga.

agam (mé)	**agat** (tú)	**aige** (sé)	**aici** (sí)
Tá éide scoile nua **agam**.	Bhí corpoideachas **agat** inné.	Tá dhá mhadra **aige**.	Níl aon suim **aici** sa cheol.

againn (sinn)	**agaibh** (sibh)	**acu** (siad)
Bhí cead **againn** dul go dtí an oifig.	Go raibh maith **agaibh**.	Níl a fhios **acu** cén t-am a bheidh an lón **acu**.

1. Tá carbhat le stríoca gorma agus oráiste _____. (mé)
2. Tá clár bán agus iPadanna nua _____. (Rang a Cúig)
3. An mbeidh corpoideachas _____ amárach? (sibh)
4. Tá Ruairí ag freastal ar scoil Oideachas le Chéile. Níl aon éide scoile _____. (sé)
5. 'Go raibh maith _____,' arsa an múinteoir. (tú)
6. Bhí Síofra i dtrioblóid mar ní raibh cead _____ a bheith ag ithe. (sí)
7. Tá a fhios _____ go mbíonn corpoideachas _____ Dé Máirt. (siad) (siad)
8. Tá suim _____ san ealaín. (sinn)

 Scríobh cúig abairt ag baint úsáid as na réamhfhocail thuas.

J. Na fuaimeanna: 'e' agus 'é'. Cuir na litreacha in ord.

 itn**e** _____

 ém _____

 ístbr**e** _____

 és _____

 uits**e** fnaoi uatht _____

 nc**é** amt- **é**? _____

 eid**é** l**e**scoi _____

 n**é**il _____

 Scríobh cúig abairt ag baint úsáid as na focail thuas.

Scoileanna leis na blianta

K. Léigh faoi scoil Magda.

Is mise **Magda**. Tá mé ag freastal ar **Scoil Naomh Muire**. **Scoil mheasctha** is ea í. Tá sí suite **sa chathair**. Scoil **an-mhór** is ea í. Tá timpeall is **cúig chéad** dalta anseo.

Tá mé i **Rang a Cúig**. Tá timpeall is **fiche** dalta i mo rang. **Bean de Grae** is ainm do mo mhúinteoir.

Tá éide scoile againn anseo. Caithim **geansaí dearg**, **léine ghorm** agus **sciorta liath**. Caitheann na buachaillí **bríste liath**.

Is maith liom **ealaín** agus **eolaíocht** ach is é **corpoideachas** an t-ábhar is fearr liom.

Tá an t-ádh liom mar níl an scoil ach **cúig nóiméad** ó mo theach. De ghnáth, **siúlaim** ar scoil.

L. Scríobh faoi do scoil féin.

Is mise ___

---

scoil mheasctha	cuíosach mór / beag	sa chathair faoin tuath
cailíní / buachaillí amháin	an-mhór / an-bheag	sa bhaile mór

geansaí	léine	Béarla	tíreolaíocht	ealaín
bríste	t-léine	Gaeilge	eolaíocht	drámaíocht
gúna	carbhat	mata	corpoideachas	
sciorta		stair	ceol	

siúlaim	faighim síob sa charr (ó ____)
téim ar an mbus / traein / Luas	téim ar mo rothar

An scoil

M. Cad iad na difríochtaí?

An seomra ranga i 1902

Tá clár dubh sa seomra ranga.
Níl ach buachaillí sa rang.

An seomra ranga inniu

Tá clár bán sa seomra ranga.

Tá éadaí geala ar an múinteoir.

---

cuíosach beag   an-mhór   i measc na bpáistí   dorcha

ar an urlár   binsí   ina suí i mbeirteanna

ag barr an tseomra   ina suí i ngrúpa   an-bheag

An bhfuil aon chosúlacht idir an dá phictiúr?

09 An margadh Nollag

Eiseamláirí

Cad tá uait?	Cé mhéad a chosnaíonn ___?
Tá ___ uaim.	Cosnaíonn sé ___ euro.
An é sin é?	Tá ___ fágtha agam.

Siopadóireacht

A. Léigh an t-alt.

Tá an Nollaig anseo!
Tá an margadh Nollag ar siúl sa Chearnóg i lár na cathrach.

Tá níos mó ná fiche stalla sa mhargadh i mbliana. Díolann siad rudaí de gach sórt – maisiúcháin Nollag, bréagáin, crainn Nollag agus seodra. Tá bia blasta ar fáil ann freisin, mar shampla, borgairí, sceallóga, agus ar ndóigh, ceapairí turcaí. Más maith leat rudaí milse, tá maróg Nollag, pancóga le seacláid agus go leor milseán ann.

Tá atmaisféar álainn Nollag sa mhargadh. Tá maisiúcháin agus soilse crochta ó stalla go stalla. Tá boladh na gcrann Nollag san aer agus tá crann ollmhór i lár na cearnóige. Féachann sé ar fheabhas ar fad.

Tá rud éigin do gach duine sa mhargadh. Chomh maith le stallaí, tá timpeallán spraoi agus roth mór ann. Bíonn cantairí carúl ann gach lá ag canadh carúl mar 'Cloigíní' agus 'Rudolph na Sróine Deirge'. Ar ndóigh, tá Daidí na Nollag ann freisin. Tabhair cuairt air, agus ar a réinfhia!

Bíonn an margadh ar oscailt gach lá go dtí Oíche Nollag, óna deich ar maidin go dtí a deich san oíche.

B. Freagair na ceisteanna.

1. Cad é teideal an ailt seo?
2. Cá bhfuil an margadh Nollag ar siúl?
3. Cé mhéad stalla atá ann?
4. Ainmnigh trí rud atá ar díol sa mhargadh.
5. Cad tá i lár na cearnóige?
6. Ainmnigh carúl amháin a chanann na cantairí carúl.
7. Cén duine speisialta atá ag an margadh?
8. Cén lá a chríochnaíonn an margadh?
9. An dtaitníonn an margadh leis an scríbhneoir, i do thuairim?

 An raibh tú ag margadh Nollag riamh? Cad a bhí ann? Ar bhain tú taitneamh as?

An margadh Nollag

C. Comhrá.

Fear an Stalla: Dia duit, cad tá uait?

Oisín: Haigh! Tá dhá mhála milseán uaim, le do thoil. Tá trí bharra seacláide agus buidéal líomanáide uaim freisin.

Fear an Stalla: An é sin é?

Oisín: Cé mhéad a chosnaíonn sé sin?

Fear an Stalla: Cosnaíonn an méid sin naoi euro.

Oisín: Ó, tá euro amháin fágtha agam, tógfaidh mé…

Síofra: A Oisín! Tá tú ag caitheamh a lán airgid. Agus tá a fhios agat go bhfuil an iomarca milseán go dona duit.

Oisín: Tá sé ceart go leor, a Shíofra. Tógfaidh mé paicéad criospaí freisin, le do thoil.

Fear an Stalla: Ceart go leor. Agus tú féin?

Síofra: Tá mála amháin milseán uaim, le do thoil. Sin a bhfuil!

Fear an Stalla: Cinnte. Dhá euro is caoga, le do thoil.

Síofra: Seo duit é.

Fear an Stalla: Go raibh maith agat agus Nollaig shona duit!

Síofra: Gurab amhlaidh duit!

D. Scríobh an comhrá.

Dia duit, _____?

Haigh! Tá _____, le do thoil.

An é _____?

Is é. Cé mhéad a _____?

Cosnaíonn sé _____.

Seo _____.

Go raibh maith agat agus _____!

_____ duit!

Cad ba mhaith leatsa a cheannach ag margadh Nollag?

E. Éist agus tarraing.

F. Dán.

Tá Gach Rud sa Mhargadh Uaim

Cé mhéad a chosnaíonn na bréagáin?
Agus na maisiúcháin crochta ansin?
Tá caoga euro i mo phóca agam,
'Is tá gach rud sa mhargadh uaim.

Cé mhéad a chosnaíonn an seodra?
Agus cad faoi na cártaí ansin?
Tá daichead euro fágtha agam,
'Is tá gach rud sa mhargadh uaim.

'An é sin é?' arsa fear an stalla,
'Ní hé,' a d'fhreagair mé.
Tá tríocha euro fágtha agam,
'Is tá gach rud sa mhargadh uaim.

Tógfaidh mé maróg Nollag anois,
'Is seacláid the anuas ar sin,
Tá fiche euro fágtha agam,
'Is tá gach rud sa mhargadh uaim.

Anois bainfidh mé triail as an roth mór,
Suas liom ar an timpeallán 'héis sin,
Tá deich euro fágtha agam,
'Is tá gach rud sa mhargadh uaim.

Málaí daite lán de bhronntanais,
Bolg lán ach beagáinín tinn,
Níl pingin rua fágtha agam,
Anois tá síob abhaile uaim!

Liostaigh gach rud a cheannaigh an file ag an margadh.
Cé mhéad a chosain siad le chéile?

An margadh Nollag

G. Briathra: An Aimsir Láithreach – briathra neamhrialta.

Abair
Deirim
Deir tú
Deir sé
Deir sí
Deirimid (sinn)
Deir sibh
Deir siad

An ndeir?
Deir / Ní deir.

Beir
Beirim
Beireann tú
Beireann sé
Beireann sí
Beirimid (sinn)
Beireann sibh
Beireann siad

An mbeireann?
Beireann / Ní bheireann.

Bí
Bím
Bíonn tú
Bíonn sé
Bíonn sí
Bímid (sinn)
Bíonn sibh
Bíonn siad

An mbíonn?
Bíonn / Ní bhíonn.

Clois
Cloisim
Cloiseann tú
Cloiseann sé
Cloiseann sí
Cloisimid (sinn)
Cloiseann sibh
Cloiseann siad

An gcloiseann?
Cloiseann / Ní chloiseann.

Déan
Déanaim
Déanann tú
Déanann sé
Déanann sí
Déanaimid (sinn)
Déanann sibh
Déanann siad

An ndéanann?
Déanann / Ní dhéanann.

1. _____ 'Dia duit ar maidin' liom gach maidin. (abair, sé)
2. _____ ar mo mhála ar an mbealach amach gach maidin. (beir, mé)
3. _____ ag canadh carúl sa chearnóg gach Nollaig. (bí, siad)
4. _____ ceapairí le haghaidh an tae gach tráthnóna. (déan, sí)
5. _____ na cantairí carúl sa chathair gach Nollaig. (clois, sinn)
6. _____ ag an margadh gach bliain. (bí, sibh)
7. Ní _____ ag an margadh gach bliain. (bí, Daidí na Nollag)
8. An _____ do chuid obair bhaile gach oíche? (déan, tú)
9. _____ 'Brostaígí' i gcónaí mar _____ déanach de ghnáth. (abair, Mam) (bí, sinn)
10. An _____ 'Dia duit' leis an múinteoir gach maidin? (abair, sibh)

Scríobh cúig abairt ag baint úsáid as na briathra thuas.

Siopadóireacht

H. Gramadach: An forainm réamhfhoclach 'ó'.

 Cad tá **ó** **Dh**aid? Tá geansaí Nollag nua **uaidh**.

uaim (mé)	**uait** (tú)	**uaidh** (sé)	**uaithi** (sí)
Tá seacláid the **uaim**.	Cad tá **uait**?	Tá bréagán **uaidh**.	Tá seodra **uaithi**.

uainn (sinn)	**uaibh** (sibh)	**uatha** (siad)
Tá cárta Nollag **uainn**.	An bhfuil ceapairí **uaibh**?	Tá maisiúcháin Nollag **uathu**.

1. Tá táibléid _____ le haghaidh na Nollag. (mé)
2. 'Cad tá _____?' arsa Bean an Stalla. (sibh)
3. Tá stoca Nollag _____. (sí)
4. Thóg fear an stalla an t-airgead _____. (sinn)
5. Tá maróg Nollag _____. (Mamó)
6. Fuair sí bronntanas Nollag álainn _____. (siad)
7. Ní theastaíonn _____ dul go dtí an margadh. (sé)
8. Cé mhéad airgead póca atá _____ don mhargadh? (tú)

 Scríobh cúig abairt ag baint úsáid as na réamhfhocail thuas.

Cad tá ó gach duine le haghaidh na Nollag?

1. Cad tá ó **Sheán**?
   Tá _____ **uaidh**.

2. Cad tá ó _____?
   Tá _____ _____.

3. Cad _____ _____ _____?
   Tá _____ _____.

4. _____?
   _____.

 Cad tá uaitse le haghaidh na Nollag?

10 An roth mór

Eiseamláirí

Aon scéal?	Cad a rinne tú?
Cheap mé go raibh ___.	I ndáiríre?
Dúirt ___ go raibh ___.	Bhí mé ag caint le ___ agus bhí scéal eile ar fad aige / aici.
Ná bac le ___. Bíonn sé / sí i gcónaí ag ___.	

An Nollaig a bhí ann. Chaith Mam, Daid agus na páistí an lá ag an margadh Nollag. D'éist siad leis na cantairí carúl. D'ith siad maróg Nollag agus d'ól siad seacláid the. Cheannaigh Mam agus Daid maisiúcháin. Chaith na páistí a gcuid airgead póca ar bhronntanais agus ar mhilseáin.

Ag deireadh an lae, shocraigh siad dul ar an roth mór. Bhí gach duine ar bís. D'fhan siad i scuaine mhór ar feadh daichead nóiméad. Bhí gliondar croí orthu nuair a shroich siad an barr. D'íoc Daid as cúig thicéad agus ar aghaidh leo.

Chuaigh siad suas go mall, suas agus suas níos airde. Nuair a shroich siad an barr, stop an roth go tobann. 'Cad tá cearr?' arsa Seán, agus tháinig dath an bháis air. Tháinig imní ar gach duine. Ansin, chuala siad fear ag glaoch. Dúirt sé go raibh fadhb ann agus bhí ar gach duine fanacht ar an roth.

Seán: Rinne mé dearmad go raibh eagla orm roimh airde!

Síofra: Tá mé préachta leis an bhfuacht. An féidir liom do chóta a chaitheamh, a Dhaid?

Daid: Ní féidir! Teastaíonn sé uaim!

Mam: A Oisín, tá tú chomh bán le sneachta. An bhfuil eagla ort roimh airde freisin?

Oisín: Nílim. D'ith mé an iomarca milseán. Tá mé ag mothú tinn.

Mam: Go bhfóire Dia orainn!

Faoi dheireadh, thosaigh an roth ag bogadh arís. De réir a chéile, tháinig an teaghlach anuas – iad tuirseach, fuar agus beagáinín tinn. 'Is leor an spraoi é sin in aon oíche amháin,' arsa Daid, 'Rachaimid abhaile.' Chuaigh siad ar ais go dtí an carr gan focal eile a rá.

Siopadóireacht

A. Freagair na ceisteanna.

1. Cá raibh an teaghlach?
2. Cad a cheannaigh Mam agus Daid?
3. Cad a shocraigh an teaghlach a dhéanamh ag deireadh an lae?
4. Cá fhad a sheas siad sa scuaine?
5. Cad a tharla nuair a bhí an teaghlach ag barr an rotha?
6. Cén fáth a raibh Oisín chomh bán le sneachta?
7. Cén fhadhb a bhí ag Síofra ag barr an rotha?
8. Cén fáth a raibh eagla ar Sheán ag barr an rotha?
9. Conas a bhí an aimsir? Cá bhfios duit?

 An bhfuil eagla ortsa roimh aon rud?

B. Samhlaigh.

Ag an margadh Nollag, céard a bhí le feiceáil, le cloisteáil, le boladh, le blaiseadh agus le mothú ag an teaghlach?

👁	Chonaic siad…	roth mór,
👂	Chuala siad…	
👃	Bhí boladh … san aer.	crann Nollag,
😋	Bhlais siad…	
✋	Bhí siad…	préachta leis an bhfuacht.

C. Déan achoimre ar an scéal.

Bhí an teaghlach ag _____. Shocraigh siad dul ar _____. Nuair a shroich siad _____ stop an roth. Bhí _____ ar Sheán. Bhí Síofra _____. Bhí Oisín _____. Faoi dheireadh tháinig siad _____ agus chuaigh siad díreach _____.

An roth mór

D. Comhrá.

Daithí: Bhuel, a Sheáin, aon scéal? An raibh tú ag an margadh Nollag go fóill?
Seán: Bhí. Chuaigh mé Dé Sathairn le mo theaghlach.
Daithí: Go seolta. Cad a rinne tú?
Seán: Cheannaigh mé cúpla bronntanas agus go leor milseán. Ansin chuamar ar an roth mór.
Daithí: An roth mór? Cheap mé go raibh eagla ort roimh airde!
Seán: Eagla ormsa? Níl! Bhí sé ar fheabhas! Bhain mé an-taitneamh as.
Daithí: I ndáiríre? Bhí mé ag caint le Síofra ar maidin agus bhí scéal eile ar fad aici. Dúirt sí go raibh dath an bháis ort agus go raibh tú ag crith le heagla.
Seán: Ó, ná bac le Síofra. Bíonn sí i gcónaí ag insint bréag agus ag magadh fúm.
Daithí: Cinnte. Mar sin… an mbeidh tú ag léim isteach sa linn snámha ón gclár is airde, as seo amach?
Seán: Beidh, cinnte! Táim ag tnúth leis!

E. Dúirt sí go raibh…

1. An bhfuil biseach ort, a Oisín? Dúirt Mam go raibh _____.

2. Ar bhlais tú píosa den mharóg, a Shíofra?
   Dúirt Oisín go raibh _____.

3. Ar bhain tú taitneamh as an margadh, a Liam?
   _____ Seán go raibh _____.

4. An raibh tú ar an roth mór go fóill, a Sheáin?
   _____ Síofra go raibh _____.

5. Seo cóta duit, a Oisín. _____ Mamó _____
   _____.

6. An bhfuil tuirse ort, a Mham? _____ Daid _____
   _____.

sé an-ard	sé an-bhlasta	sé thar barr
tú tinn	tú ag obair go dian	tú préachta leis an bhfuacht

Críochnaigh an abairt: An bhfuil tú ceart go leor anois?
Dúirt an múinteoir go raibh _____.

Siopadóireacht

F. Éist agus scríobh.

Cad a rinne siad ag an margadh?

 Cheannaigh _____

 Cheannaigh _____

 Cheannaigh _____

 Shiúil _____
D'éist _____

 Bhlais _____
Cheannaigh _____

G. Críochnaigh na habairtí.

Bhí **eagla** ar Sheán ag barr an rotha.

tuirse fearg eagla imní ionadh gliondar croí

1. Bhí _____ ar Sheán nuair a d'ith Oisín an píosa deireanach den mharóg.
2. Bhí _____ _____ ar Shíofra nuair a fuair sí seodra álainn.
3. Bhí _____ ar Oisín tar éis lá fada a chaitheamh ag an margadh.
4. Bhí _____ ar Mham nuair a dúirt Daid go raibh Tafaí tinn.
5. Bhí _____ ar na páistí ag féachaint ar na maisiúcháin áille.
6. Bhí Seán ag crith ar an gclár is airde mar bhí _____ air roimh airde.
7. Tháinig _____ ar Shíofra mar dúirt Seán go raibh sí ag insint bréag.
8. Chuaigh na páistí a chodladh mar bhí _____ orthu go léir.

 Scríobh cúig abairt ag baint úsáid as na mothúcháin thuas.

An roth mór

H. Briathra: An Aimsir Láithreach – briathra neamhrialta.

Faigh
Faigh**im**
Faigh**eann** tú
Faigh**eann** sé
Faigh**eann** sí
Faigh**imid** (sinn)
Faigh**eann** sibh
Faigh**eann** siad

An **bh**faigheann?
Faigheann / **Ní f**haigheann.

Feic
Feic**im**
Feic**eann** tú
Feic**eann** sé
Feic**eann** sí
Feic**imid** (sinn)
Feic**eann** sibh
Feic**eann** siad

An **bh**feiceann?
Feiceann / **Ní f**heiceann.

Ith
Ith**im**
Ith**eann** tú
Ith**eann** sé
Ith**eann** sí
Ith**imid** (sinn)
Ith**eann** sibh
Ith**eann** siad

An itheann?
Itheann / **Ní** itheann.

Tabhair
Tug**aim**
Tug**ann** tú
Tug**ann** sé
Tug**ann** sí
Tug**aimid** (sinn)
Tug**ann** sibh
Tug**ann** siad

An **d**tugann?
Tugann / **Ní t**hugann.

Tar
Tag**aim**
Tag**ann** tú
Tag**ann** sé
Tag**ann** sí
Tag**aimid** (sinn)
Tag**ann** sibh
Tag**ann** siad

An **d**tagann?
Tagann / **Ní t**hagann.

Téigh
Té**im**
Té**ann** tú
Té**ann** sé
Té**ann** sí
Té**imid** (sinn)
Té**ann** sibh
Té**ann** siad

An **d**téann?
Téann / **Ní t**héann.

---

1. _____ bronntanais áille ó mo theaghlach gach Nollaig. (faigh, mé)
2. _____ a lán daoine sna siopaí ag an Nollaig. (feic, sinn)
3. _____ an iomarca seacláide, caithfidh sé níos lú de a ithe. (ith, sé)
4. Ní _____ aon airgead phóca dom. (tabhair, mo mham)
5. _____ go dtí an chathair chun bronntanais a cheannach. (tar, siad)
6. An _____ go dtí an phictiúrlann ó am go ham? (téigh, tú)
7. An _____ aon seónna aimsir na Nollag? (feic, sibh)
8. Ní _____ milseáin go minic mar tá siad lán de shiúcra. (ith, sí)
9. An _____ ar scoil sa charr gach lá? (téigh, sibh)
10. _____ ar cuairt gach Satharn agus _____ milseáin do na páistí. (tar, Mamó) (tabhair, sí)

 Scríobh cúig abairt ag baint úsáid as na briathra thuas.

Siopadóireacht

I. Gramadach: Na huimhreacha 1–100.

€1	euro amháin	€8	ocht euro	€60	seasca euro
€2	dhá euro	€9	naoi euro	€70	seachtó euro
€3	trí euro	€10	deich euro	€80	ochtó euro
€4	ceithre euro	€20	fiche euro	€90	nócha euro
€5	cúig euro	€30	tríocha euro	€100	céad euro
€6	sé euro	€40	daichead euro		
€7	seacht euro	€50	caoga euro		

€2.50	€11	€37	€109
dhá euro is caoga	aon euro déag	tríocha a seacht euro	céad a naoi euro

1. Cé mhéad a chosnaíonn **an leabhar**? Cosnaíonn sé **naoi euro**.
2. Cé mhéad a chosnaíonn na bréagáin? Cosnaíonn siad _____.
3. Cé mhéad a chosnaíonn dhá phíosa tinsil? Cosnaíonn siad _____.
4. Cé mhéad a chosnaíonn an _____? Cosnaíonn sé cúig euro is fiche.

Bhí fiche euro agam. Cheannaigh mé soilse. Bhí _____ fágtha agam.

J. Na fuaimeanna: 'i' agus 'í'. Roghnaigh an litir cheart.

 t__céad

 páist__

 ar b__s

 ag r__th

 ag __the

 s__c__n

 Tá __mn__ orm.

 m__lseán

Scríobh cúig abairt ag baint úsáid as na focail thuas.

An roth mór

K. Léigh liosta Shinéid agus líon na bearnaí.

Ba mhaith liom dul go dtí an margadh Nollag. Tá bronntanais Nollag uaim do mo theaghlach.

Tá _____ uaim do Dhaid. Cosnaíonn sé naoi euro.

Tá _____ uaim do Mhamaí. Tá sé ar díol ag an stalla seodra. Cosnaíonn sé trí euro déag.

Tá _____ uaim do mo sheantuismitheoirí. Cosnaíonn siad cúig euro déag. Tá siad ar fáil ag an stalla éadaí.

Tá _____ agus _____ uaim do mo chol ceathracha, Áine agus Riain. Tá an dá cheann ar díol ag an stalla bréagán. Cosnaíonn siad fiche euro.

Cosnaíonn an méid seo _____ _____.

Daid – carbhat
Mam – bráisléad
Mamó agus Daideo –
   hataí agus scaifeanna
Áine – teidí
Riain – traein

L. Scríobh do liosta féin.

Ba mhaith liom dul ag siopadóireacht. Tá bronntanais Nollag uaim do mo theaghlach.

Tá _____
_____
_____
_____
_____
_____
_____
_____
_____
_____

Siopadóireacht

M. Críochnaigh an t-alt faoin margadh Nollag.

An margadh Nollag

Tá margadh Nollag ar siúl sa bhaile faoi láthair. Tá fiche a cúig stalla ann i mbliana!

Siopadóireacht ★★★★★
Díolann daoine rudaí de gach sórt ar na stallaí. Tá a lán rudaí ann a bheadh go maith mar bhronntanais, mar shampla _____.

Bíonn rudaí eile ar fáil freisin, cosúil le soilse Nollag, _____.

Bia agus deochanna ★★★★
Bíonn bia blasta ar díol ann, mar shampla _____.
Más maith leat rudaí milse, tá _____ _____ ar fáil freisin. Is féidir deochanna a cheannach chomh maith – _____ _____.

Siamsa ★★★
Chomh maith leis na stallaí, tá _____ _____ _____ _____.

Bíonn an margadh ar oscailt gach lá go dtí Oíche Nollag, ón a deich ar maidin go dtí a naoi san oíche. Brostaigh ort ann agus bain taitneamh as!

---

cluichí cláir   seodra   leabhair   boscaí milseán   bréagáin   cluichí ríomhairí

stocaí Nollag   cártaí   maisiúcháin   tinsil

pancóg   borgaire   sceallóga   ceapairí turcaí   píotsa

borróga   maróg Nollag   brioscaí   seacláid   málaí milseán

seacláid the caife

cantairí carúl   ceoltóirí   roth mór   timpeallán   spraoi   pluais Dhaidí na Nollag

Súil siar B

A. Briathra: An Aimsir Láithreach.

Lá scoile Sheáin

cuir   buail   tosaigh   dúisigh   éirigh
oibrigh   imir   faigh   ith   téigh

Gach maidin scoile, _____ Seán ar a leathuair tar éis a seacht. Ach ní _____ sé go dtí a deich chun a hocht nuair a _____ Mam ag béiceadh 'Brostaigh!' ó bhun an staighre. _____ sé a éide scoile air agus _____ sé a bhricfeasta go mall. Ansin, _____ sé síob sa charr le Mam nó le Daid.

Ar scoil, _____ sé go dian an mhaidin ar fad. Ag am lóin, _____ sé amach agus _____ sé lena chairde. De ghnáth, imríonn siad peil. Sa tráthnóna, oibríonn sé go dian arís. _____ an clog ar cheathrú chun a trí agus ar aghaidh leis abhaile.

 Scríobh faoi do lá scoile féin.

B. Gramadach: Na forainmneacha réamhfhoclacha.

liom   leat   leis   léi   linn   libh   leo

agam   agat   aige   aici
againn   agaibh   acu

uaim   uait   uaidh   uaithi
uainn   uaibh   uathu

Is mise Seán.

Tá suim _____ sa pheil.
Tá bróga peile nua _____.

Ba mhaith _____ péire a fháil ó Mham agus ó Dhaid le haghaidh na Nollag.

Seo í mo dheirfiúr Síofra.

Tá suim _____ sa snámh.
Tá culaith shnámha nua _____.

Ba mhaith _____ í a fháil ó Dhaidí na Nollag le haghaidh na Nollag.

Seo iad mo chairde Liam agus Daithí.

Tá suim _____ i gcluichí ríomhaire.

Tá cluiche nua _____.

Ba mhaith _____ é a cheannach sa bhaile mór ag an deireadh seachtaine.

 Scríobh cúig cinn de na réamhfhocail thuas in abairtí.

Súil siar

C. Cluiche cláir.

Caith an dísle, bog an licín ar aghaidh, freagair an cheist ar an gcearnóg.

Tús

1. Cá bhfuil tú i do chónaí?
2. Cad as duit?
3. Cár rugadh thú?
4. Cé mhéad duine atá i do theaghlach?
5. Cén tslí bheatha atá ag do mham / do dhaid?
6. Cé mhéad seomra atá agaibh sa bhaile?
7. Ainmnigh bia atá lán de shiúcra.
8. Cad iad na comhábhair a bheidh uaim chun pancóga a dhéanamh?
9. Conas a dhéanfaidh tú seacláid the?
10. Conas a théann tú ar scoil gach lá?
11. An gcaitheann tú éadaí scoile?
12. Cén rang ina bhfuil tú?
13. An scoil mheasctha í do scoil?
14. Cá bhfuil do scoil suite?
15. Cén t-ábhar scoile is fearr leat?
16. Cad a dhéanann tú tar éis na scoile gach lá?
17. Cad tá uait le haghaidh na Nollag?
18. Cén dath a bhíonn ar stocaí Nollag de ghnáth?
19. Cad a rinne tú Lá Nollag seo caite?
20. Cad a itheann tú le haghaidh dinnéar na Nollag de ghnáth?

Críoch

Tomhas: Céard a ritheann gan chosa?

D. Seanfhocal.

Bíonn dhá insint ar gach scéal.

Tarraing pictiúr chun an seanfhocal a mhíniú.

11 Mo stíl phearsanta

Eiseamláirí

Cad iad na héadaí a chaitheann tú de ghnáth? Caithim ___.
Is maith / breá / aoibhinn / fearr liom ___. Oireann / Ní oireann ___ dom.
Is cuma liom faoi ___.

Éadaí

A. Léigh an fógra.

An Tigh Éadaí
www.tigheadai.ie

Éadaí de gach sórt do dhaoine óga 9–15 bliana d'aois

Éadaí úrnua earraigh

NUA

Éadaí neamhfhoirmiúla

T-léinte clóite €10
Brístí géine €20
Buataisí ísle €25
Bróga reatha €30

Éadaí spóirt

Cultacha spóirt €30
Húdaithe €20
T-léinte €15
Bróga reatha €45

Éadaí ócáide

Sciortaí €20
Blúsanna €15
Brístí €25
Léinte €20
Cuaráin €25
Bróga €30

-20%

Díolachán ar siúl faoi láthair

B. Freagair na ceisteanna.

1. Cad is ainm don siopa?
2. Cad tá ar an gcailín sa chéad phictiúr?
3. Cad tá ar an mbuachaill sa tríú pictiúr?
4. Cén praghas atá ar na bróga reatha?
5. Cén praghas atá ar an mblús?
6. Ainmnigh ball éadaigh neamhfhoirmiúil a dhíolann siad.
7. Ainmnigh dhá bhall éadaigh spóirt a dhíolann siad.
8. Cad tá ar siúl faoi láthair?
9. Cén séasúr atá ann?

An gceannaíonn tú éadaí ar líne?
Cad iad na suíomhanna is maith leat féin?

Mo stíl phearsanta

C. Comhrá.

Agallóir: A Sheáin, cad iad na héadaí a chaitheann tú de ghnáth?

Seán: Caithim t-léinte clóite, brístí géine agus bróga reatha faiseanta de ghnáth. Is maith liom éadaí atá seolta agus compordach.

Agallóir: Cad fútsa, a Shíofra?

Síofra: Caithim luiteoga clóite agus t-léinte geala de ghnáth. Is breá liom bróga. Caithim cuaráin sa samhradh agus buataisí sa gheimhreadh. Ní oireann gúnaí dom. Is fearr liom éadaí neamhfhoirmiúla.

Agallóir: Agus tusa, a Magda, cad iad na héadaí a chaitheann tusa de ghnáth?

Magda: Is aoibhinn liom éadaí gleoite faiseanta. Caithim éadaí de gach sórt. Tá suim agam i gcúrsaí faisin. Bím i gcónaí ag léamh irisí faisin.

Agallóir: Agus tú féin, a Dhaithí, inis dúinn faoi do chuid éadaí.

Daithí: Is cuma liom faoi chúrsaí faisin. De ghnáth, caithim éadaí spóirt mar tá siad compordach. Is maith liom geansaithe spóirt agus cultacha spóirt.

D. Cad iad na héadaí a chaitheann siad?

Cad?	Cé?	Cad?		Cén sórt?	Cathain?
Caitheann	Seán	t-léinte	brístí géine	geala	de ghnáth.
	Síofra	léinte	gúnaí	compordacha	uaireanta.
	Oisín	húdaithe	sciortaí	faiseanta	ó am go ham.
	Magda	geansaithe	cultacha spóirt	seolta	ag an deireadh seachtaine.
	Daithí	brístí	luiteoga	gleoite	
	Mam			clóite	

1. Caitheann Daithí cultacha spóirt compordacha de ghnáth.
2. _____
3. _____
4. _____
5. _____
6. _____

Críochnaigh an abairt fút féin: Caithim _____ de ghnáth.

E. Éist agus tarraing.

  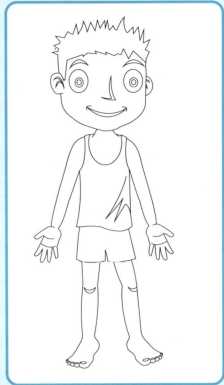

F. Dán.

An Fear Bréige
Le hEamonn Ó Tuathail

Ó, féach an fear bréige
'na sheasamh sa ghort
A sheanhata pollta
A chóta beo bocht
A dhá láimh ar leathadh
Gan ordóg ná méar
A bhríste gan chosa
Ag síneadh go féar.

Mo thrua an fear bréige
Ag casadh le gaoth
Le súile gan solas
In aghaidh atá baoth
Amuigh ina aonar
Ag faire na n-éan
Go luíonn an ghrian
Ag deireadh an lae.

Déan cur síos ar éadaí an fhir bhréige.

Mo stíl phearsanta

G. Briathra: An Aimsir Fháistineach – an chéad réimniú.

Glan

Glanfaidh mé
Glanfaidh tú
Glanfaidh sé
Glanfaidh sí
Glanfaimid (sinn)
Glanfaidh sibh
Glanfaidh siad

Caith

Caithfidh mé
Caithfidh tú
Caithfidh sé
Caithfidh sí
Caithfimid (sinn)
Caithfidh sibh
Caithfidh siad

1. _____ an teach an deireadh seachtaine seo chugainn. (glan, tú)
2. _____ éadaí ócáide ag an gcóisir Dé Sathairn seo chugainn. (caith, siad)
3. _____ caipín orm ar an trá amárach. (cuir, mé)
4. _____ go dtí go mbeidh na héadaí úrnua earraigh ar díol. (fan, sinn)
5. _____ hata, lámhainní agus scaif air sa gheimhreadh. (cuir, sé)
6. _____ an siopa éadaí ar a cúig a chlog tráthnóna inniu. (dún, sibh)
7. _____ ar an díolachán chun éadaí nua a cheannach. (fan, Mamó)
8. _____ éadaí neamhfhoirmiúla sa pháirc amárach. (caith, sí)

Scríobh cúig abairt ag baint úsáid as na briathra thuas.

An nglanfaidh?
Glanfaidh / Ní ghlanfaidh.

An gcaithfidh?
Caithfidh / Ní chaithfidh.

1. An nglanfaidh an siopadóir an t-urlár sa siopa éadaí?
   _____
2. An gcaithfidh sí bróga compordacha ar scoil amárach?
   _____
3. An ndúnfaidh an siopa Lá Nollag?
   _____
4. _____ tú m'admháil sa mhála?
   Cuirfidh.
5. _____
   Fanfaidh.

Éadaí

H. Gramadach: An forainm réamhfhoclach 'do'.

do — Oireann éadaí spóirt **do** Dhaithí.

dom (mé)	**duit** (tú)	**dó** (sé)	**di** (sí)
Thug Mamó geansaí geal **dom** mar bhronntanas.	Ní oireann na luiteoga sin **duit**.	Seán Ó Sé is ainm **dó**.	Cheannaigh Mam sciorta gleoite **di**.

dúinn (sinn)	**daoibh** (sibh)	**dóibh** (siad)
Inis **dúinn** faoi do chuid éadaí.	Dia **daoibh** go léir.	Taispeáin do t-léine sheolta nua **dóibh**.

1. Inis _____ faoi do chuid éadaí scoile. (mé)
2. Thaispeáin sí a gúna gleoite nua _____. (sinn)
3. Thug siad éadaí faiseanta _____ mar bhronntanas. (sí)
4. Oireann an dath gorm _____ mar tá súile gorma agat. (tú)
5. Thug mé iris faisin _____ ach is cuma leo faoi chúrsaí faisin. (siad)
6. Rinne mé cáca úll _____ agus bhí sé ite aige i bpreabadh na súl. (sé)
7. Déanfaidh mé pancóga _____ mar mhilseog. (sibh)
8. Díolann an siopa nua éadaí _____. (páistí)

Scríobh cúig abairt ag baint úsáid as na réamhfhocail thuas.

Cad a oireann dóibh?

1. Cad a oireann do **Shíofra**?
Oireann _____ **di**.

2. Cad a oireann do _____?
Oireann _____ _____.

3. Cad ____ _____ _____ _____?
Oireann _____ _____.

4. _____?
_____.

Cad a oireann duitse?

12 Feisteas

Eiseamláirí

Ar dtús… Anois… An chéad duine eile ná… Ar deireadh…	Tá ___ á chaitheamh ag ___.
An-fhaiseanta! Go hálainn ar fad!	Nach bhfuil sé / sí ___?
As ___ atá sé déanta.	Féach ar ___.

Mo chara Daithí

Seo é mo chara Daithí. Tá gruaig dhonn chatach air agus súile donna aige. Is buachaill ard é. Is cuma le Daithí faoi chúrsaí faisin. De ghnáth, caitheann sé cultacha spóirt compordacha agus seanbhróga reatha. Bíonn aoibh mhór ar a aghaidh i gcónaí, ach amháin go moch ar maidin. Is fuath leis na maidineacha!

An sárlaoch

Chonaic mé scannán sa phictiúrlann inné. Thaitin an carachtar Cailín Cliste go mór liom. Sárlaoch ab ea í. Bhí sí cliste agus láidir. Bhí feisteas iontach uirthi. Chaith sí culaith dhearg agus clóca gorm clúdaithe le réaltaí óir geala. Bhí púicín dearg agus gorm ar a haghaidh. Bhí buataisí arda dubha á gcaitheamh aici freisin. Bhí cumhachtaí speisialta aici – radharc, éisteacht agus neart den scoth.

An fear grinn

Chuamar go dtí an sorcas ag an deireadh seachtaine. Bhí an fear grinn thar a bheith greannmhar. Bhí bríste gearr le stríoca oráiste air, léine gheal agus carbhat gorm le spotaí buí. Bhí seaicéad fada le pócaí móra á chaitheamh aige freisin. Bhí gruaig rua chatach air agus aghaidh bhán le srón dhearg. Ar a cheann, bhí hata daite déanta as balúin. Bhí bróga ollmhóra air agus bhí an fhuaim 'bíp bíp' le cloisteáil nuair a shiúil sé.

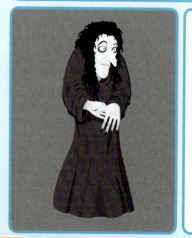

An tseanbhean ait

Oíche dhorcha a bhí ann. Bhí sé chomh ciúin le reilig. Bhí mé ag siúl abhaile i m'aonar. Go tobann, chonaic mé seanbhean ait ag bun an bhóthair. Bhí gruaig fhada chatach dhubh uirthi. Bhí gúna fada dubh á chaitheamh aici. Bhí a haghaidh chomh bán le sneachta agus bhí ciorcail dhorcha timpeall a súl. Thosaigh sí ag siúl i mo threo. Lig mé béic asam agus rith mé ar nós na gaoithe. Níor stop mé gur shroich mé an teach.

Éadaí

A. Freagair na ceisteanna.

1. Cén dath gruaige atá ar Dhaithí?
2. Cad a chaitheann Daithí de ghnáth?
3. Cad is ainm don sárlaoch sa téacs?
4. Cad a bhí á chaitheamh ag an sárlaoch?
5. Déan cur síos ar fheisteas an fhir ghrinn.
6. Cad a tharla nuair a shiúil an fear grinn?
7. Cén sórt oíche a bhí ann sa cheathrú téacs?
8. Déan cur síos ar an tseanbhean ait.
9. Meaitseáil na haidiachtaí seo leis na daoine sna téacsanna:
   a. greannmhar   b. scanrúil   c. cliste   d. sona sásta

 Déan cur síos ar do chara féin.

B. Aimsigh na haidiachtaí sna téacsanna.

donn
catach
ard
compordach

C. Léigh agus tarraing.

Seo é an Laoch Luais. Is carachtar é sa chluiche ríomhaire. Tá cumhachtaí speisialta aige. Is féidir leis rith níos tapa ná aon duine eile sa domhan. Caitheann sé culaith ghlas sheolta, bróga reatha óir agus clogad geal. Bíonn spéaclaí gréine air freisin.

Feisteas

D. Comhrá.

Liam: A dhaoine uaisle, fáilte romhaibh go léir go Seó Faisin Rang a Cúig.

Niamh: Ar dtús, seo chugainn Síofra. Tá bríste corcra, t-léine chlóite agus bróga reatha geala uirthi. An-fhaiseanta, a Shíofra!

Liam: Anois, seo chugainn Orlaith. Tá sciorta dearg galánta, blús le bláthanna daite agus hata mór á gcaitheamh aici. Go hálainn ar fad, a Orlaith!

Niamh: An chéad duine eile ná Seán. Tá bríste géine dúghorm, léine ghlas agus seaicéad faiseanta air. Agus féach ar a bhróga reatha óir – chomh seolta!

Tar éis a lán éadaí eile…

Liam: Ar deireadh, seo chugainn Magda agus gúna fada á chaitheamh aici. As rudaí athchúrsáilte atá sé déanta. Magda féin a rinne an gúna. Nach bhfuil sé go hálainn?

Niamh: Sin a bhfuil againn daoibh anocht, a dhaoine uaisle.

Liam: Tá súil againn gur bhain sibh taitneamh as an seó.

Niamh: Oíche mhaith!

E. Déan cur síos ar na héadaí.

Anois, seo chugainn Tomás. Tá _____, _____ agus _____ air.
Agus féach ar a _____.
Nach bhfuil sé chomh _____?

An chéad duine eile ná Sinéad. Tá _____, _____ agus _____ á gcaitheamh aici.
Sinéad féin a rinne an seodra. As pasta atá na _____ déanta agus as cnaipí atá a _____ déanta. Go hálainn ar fad!

geansaí	húdaí	bríste géine	luiteoga	buataisí	bróga reatha
caipín	muince	bráisléad	glas	gorm	liath	ildaite
clóite	geal	ísle	seolta	faiseanta	compordach

 Samhlaigh go bhfuil tú i seó faisin. Déan cur síos ar do chuid éadaí.

Éadaí

F. Éist agus scríobh.

	Ar dtús	An chéad duine eile	Ar deireadh
Cén duine:			
Ag caitheamh:			

G. Cuir snas ar na habairtí.

Abairtí

 Bhí léine á caitheamh aige.

1. Bhí geansaí ar an bhfear.
2. Bhí clóca á chaitheamh ag an sárlaoch.
3. Bhí t-léine ar an mbuachaill.
4. Tá hata air.
5. Tá gúna á chaitheamh aici.
6. Cheannaigh mé húdaí nua.

Abairtí snasta

Bhí léine **gheal** á caitheamh aige.

1. _____
2. _____
3. _____
4. _____
5. _____
6. _____

---

fada   gearr   mór   beag   clóite   daite   geal   dorcha

óir   airgid   dubh   bán   donn   liath   dúghorm   dearg
gorm   buí   glas   corcra   oráiste   bándearg

faiseanta   seolta   gleoite   galánta   álainn

 Scríobh trí abairt ag baint úsáid as cuid de na haidiachtaí thuas.

Feisteas

H. Briathra: An Aimsir Fháistineach – an chéad réimniú.

Féach

Féach**faidh** mé
Féach**faidh** tú
Féach**faidh** sé
Féach**faidh** sí
Féach**faimid** (sinn)
Féach**faidh** sibh
Féach**faidh** siad

Éist

Éist**fidh** mé
Éist**fidh** tú
Éist**fidh** sé
Éist**fidh** sí
Éist**fimid** (sinn)
Éist**fidh** sibh
Éist**fidh** siad

1. _____ ar an gclár nua ar an teilifís anocht. (féach, mé)
2. _____ leis an amhrán nua ar an idirlíon uair amháin eile. (éist, sinn)
3. _____ go hálainn ina léine fhaiseanta ag an Seó Faisin anocht. (féach, sé)
4. _____ cúpla uair an chloig ag an Seó Faisin anocht. (caith, siad)
5. _____ i mo theach tar éis an tseó. (fan, sí)
6. _____ na bróga salacha sin ag an deireadh seachtaine. (glan, sibh)
7. _____ gach rud ar phraghas níos saoire sa díolachán. (díol, an siopa)
8. Má sheasann tú ar an gcathaoir sin, _____ í. (bris, tú)

⭐ Scríobh cúig abairt ag baint úsáid as na briathra thuas.

An bhféachfaidh?
Féachfaidh / **Ní fh**éachfaidh.

An éistfidh?
Éistfidh / **Ní** éistfidh.

1. An bhféachfaidh tú ar an scannán anocht?
   _____
2. An éistfidh sé le ceol ar an mbus maidin amárach?
   _____
3. An ólfaidh tú cupán tae anocht?
   _____
4. _____ tú an teach go luath amárach?
   Ní fhágfaidh.
5. _____
   Féachfaidh.

Éadaí

I. Gramadach: An forainm réamhfhoclach 'de'.

de — Bhain Daid an hata salach **de** Shíofra.

díom (mé)	**díot** (tú)	**de** (sé)	**di** (sí)
Bhain mé mo chóta **díom**.	Bain **díot** do bhróga, le do thoil.	Baineann sé a gheansaí **de** nuair a bhíonn sé róthe.	Bainfidh sí a héadaí ócáide **di** tar éis na cóisire.

dínn (sinn)	**díbh** (sibh)	**díobh** (siad)
Shuigh Liam taobh thiar **dínn**.	Bainigí na héadaí fliucha **díbh**.	Féach ar mo luiteoga nua. Cad a cheapann tú **díobh**?

1. Bhain mé mo húdaí teolaí _____ mar bhí mé róthe. (mé)
2. Bhain sé an léine _____ mar ní oireann léinte dó. (sé)
3. Cad a cheapann tú _____ gleoite nua Magda? (gúna)
4. Baineann na páistí a bpitseámaí _____ gach maidin. (siad)
5. Bhí braillín sa halla agus ghléas na páistí taobh thiar _____. (sí)
6. Tá mé bréan _____ ag caint faoi chúrsaí faisin i gcónaí. (tú)
7. Bain na héadaí fliucha _____ agus cuir oraibh éadaí tirime. (sibh)
8. Bainfimid ár gcuid éadaí fliucha _____ agus cuirfimid éadaí tirime orainn. (sinn)

 Scríobh cúig abairt ag baint úsáid as na réamhfhocail thuas.

J. Na fuaimeanna: 'b' agus 'bh'. Roghnaigh na litreacha cearta.

 a **b**róga reatha

 a **bh**róga reatha

 ___ríste

 mo ___ríste

 ___lús le ___láthanna

 ___uataisí du___

___í t-léine orm inné.

___ain sí an ___ráisléad ___án di.

 Liostaigh trí fhocal eile leis an bhfuaim 'b' agus trí fhocal eile leis an bhfuaim 'bh'.

Feisteas

K. Déan cur síos ar an gcarachtar.

Seo bean feasa. Tá cumhachtaí speisialta aici. Is féidir léi an todhchaí a fheiceáil.

Tá gruaig _____ uirthi agus súile _____ aici.

Tá _____

_____ á chaitheamh aici.

Caitheann sí _____ timpeall a cuid gruaige.

Caitheann sí _____ freisin.

---

blús   gúna   sciorta   bríste   clóca   luiteoga
bróga   buataisí   cuaráin   scaif   hata   lámhainní
muince   bráisléid   fáinní cluaise   réaltaí

---

fada   gearr   mór   beag   ard   íseal
díreach   catach   clóite   daite   geal   dorcha

óir   airgid   dubh   bán   donn   liath   dúghorm
dearg   gorm   buí   glas   corcra   oráiste   bándearg

---

faiseanta   seolta   gleoite   galánta   álainn

Éadaí

L. Cruthaigh do charachtar féin agus déan cur síos air / uirthi.

Roghnaigh carachtar.

| sárlaoch | carachtar scanrúil | carachtar greannmhar | carachtar ó chluiche ríomhaire |

Tarraing do charachtar agus cuir lipéid air / uirthi.

Déan cur síos ar do charachtar.

- Seo é / í ___.
- Is ___ é / í.
- Tá ___ á chaitheamh aige / aici.
- Tá ___ air / uirthi.
- Caitheann sé / sí ___.
- As ___ atá sé déanta.

13. Ag an bpictiúrlann

Eiseamláirí

Nach raibh ___?	Cad a cheap tú de?
An chuid is mó a thaitin liom ná ___.	Bhí sé i bhfad níos fearr ná ___.

An teilifís

A. Léigh na téacsanna.

Liam
Hé! An bhfuil tú ag tnúth leis an scannán?

Seán
Gan dabht! An bhfuil sceitimíní ort?

Liam
Táim ar bís! Bhí mé ag caint le Daithí ar maidin agus dúirt sé go raibh an scannán thar barr.

Seán
Chuala mise é sin freisin.

Liam
Beidh sé ag tosú ar leathuair tar éis a cúig. An rachaidh mé go dtí do theach ar a cúig?

Seán
Ceart go leor! Tabharfaidh Daid síob dúinn agus do Shíofra agus Magda. An bhfuil ticéad agat?

Liam
Níl go fóill. Ceannóidh mé ag an bpictiúrlann é. Seacht euro atá air, nach ea?

Seán
Is ea. Beidh airgead uait le haghaidh milseán, freisin.

Liam
Beidh, cinnte! Ceannóidh mé deoch mhór agus buicéad ollmhór grán rósta.

Seán
Mise freisin. Ar mhaith leat an oíche a chaitheamh i mo theach tar éis an scannáin?

Liam
Níl mé cinnte. An mbeidh do stocaí peile sa seomra?

Seán

B. Freagair na ceisteanna.

1. Cén bheirt atá ag caint?
2. Cá mbeidh siad ag dul?
3. Cad a dúirt Daithí faoin scannán?
4. Cén t-am a mbeidh an scannán ag tosú?
5. Cé a bheidh ag dul go dtí an phictiúrlann le Seán agus Liam?
6. Conas a rachaidh na páistí go dtí an phictiúrlann?
7. Cá gceannóidh Liam a thicéad?
8. Cad eile a cheannóidh Liam ag an bpictiúrlann?
9. Cén fáth, meas tú, ar chuir Liam ceist ar Sheán faoina stocaí peile?

 Cad é an scannán deireanach a chonaic tú féin? Scríobh trí abairt faoi.

Ag an bpictiúrlann

C. Comhrá.

Síofra: Nach raibh an scannán sin ar fheabhas?

Liam: Gan dabht. Bhí na carachtair go hiontach. Thaitin Sadhbh na Saighde go mór liom. Bhí sí an-tapa agus an-chliste. Cad a cheap tú de, a Sheáin?

Seán: Bhí sé go han-mhaith ar fad. An chuid is mó a thaitin liomsa ná an troid idir An Chuil agus Conor Cróga ag an deireadh.

Magda: Bhí an troid sin thar barr. Bhí mo chroí i mo bhéal!

Síofra: Bhí sé i bhfad níos fearr ná *Ionsaí na Siorcanna Móra*.

Liam: Gan dabht. Bhí an scannán sin chomh fada agus chomh leadránach. Ba bheag nár thit mé i mo chodladh sa suíochán!

Seán: Cinnte. Bhí a lán cainte ann ach ní raibh go leor aicsin!

Síofra: Beidh *Oíche Dhorcha a Dó* ag teacht amach an tseachtain seo chugainn. An rachaimid chun é a fheiceáil?

Liam: Rachaidh, cinnte.

Seán: Tá mé ag tnúth leis cheana féin.

Magda: B'fhéidir … níor thaitin *Oíche Dhorcha a hAon* liom ar chor ar bith. Bhí sé róscanrúil.

D. Cad a cheap tú de?

thar barr   greannmhar   brónach   scanrúil   lán d'aicsean

1. Nach raibh an scannán seo _____?
   Bhí mé sna tríthí gáire.

2. Nach raibh _____?
   Ba bheag nár thosaigh mé ag caoineadh.

3. Nach raibh _____?
   Bhí mé ag crith le heagla.

4. _____?
   An chuid is mó a thaitin liom ná an rásaíocht charranna.

5. _____?
   Bhí sé i bhfad níos fearr ná an scannán a chonaiceamar inné.

Cén sórt scannán is fearr leatsa – scannáin ghreannmhara, bhrónacha, scanrúla nó scannáin aicsin?

An teilifís

E. Éist agus líon na bearnaí ar an ticéad.

Scannán:
OÍCHE DHORCHA A DÓ
Lá: _____
Am: _____
Scáileán: ____   Ró: ____   Suíochán: ____
Praghas: €_____

F. Dán.

Chuaigh mé 'dtín phictiúrlann
Le hUltan Mac Mathúna

Chuaigh mé 'dtín phictiúrlann le mo dheirfiúr inné,
Theastaigh uaim scannán aicsin a fheiceáil liom féin,
Ach bhí orm í a thógáil, nach orm a bhí mí-ádh,
Ní fhaca mé an scannán *Star Wars*, chonaic mé scannán grá!

Theastaigh uaim féachaint ar bhuachaillí bó,
Theastaigh uaim féachaint ar laochra gan stró,
Ach thosaigh mo dheirfiúr ag gearán is clamhsán,
Ní fhaca mé John Wayne thuas ar chapall bán.

D'fhiafraigh mé di, 'An maith leat dineasár?'
'*Jurassic Park* ar siúl anocht le mála milseán mór?'
Ach chraith sí a cloigeann agus dhiúltaigh dul isteach,
Ní fhaca mé na dineasáir ag troid go feargach.

'Ar mhaith leat ceann a fheiceáil le fear álainn is bean ghleoite?'
'Ba mhaith liom,' arsa sise agus cheannaigh mé uachtar reoite,
Isteach linn beirt go sásta go scáileán a haon
Thit sise i ngrá le Superman, is mise le Lois Lane!

Cén sórt scannán is maith leis an bhfile?

Ag an bpictiúrlann

G. Briathra: An Aimsir Fháistineach – an dara réimniú.

Ceannaigh

Ceann**óidh** mé
Ceann**óidh** tú
Ceann**óidh** sé
Ceann**óidh** sí
Ceann**óimid** (sinn)
Ceann**óidh** sibh
Ceann**óidh** siad

Éirigh

Éir**eoidh** mé
Éir**eoidh** tú
Éir**eoidh** sé
Éir**eoidh** sí
Éir**eoimid** (sinn)
Éir**eoidh** sibh
Éir**eoidh** siad

1. _____ a ticéad ag an bpictiúrlann amárach. (ceannaigh, sí)
2. _____ ar a hocht a chlog ar maidin. (éirigh, mé)
3. _____ na buicéid ghrán rósta tar éis an scannáin. (bailigh, siad)
4. _____ ag féachaint ar an scannán ar a sé a chlog. (tosaigh, sinn)
5. _____ nuair a bhuailfidh an t-aláram. (dúisigh, tú)
6. _____ leat suíochán a fháil. (cabhraigh, an freastalaí)
7. _____ feisteas don chóisir ag an deireadh seachtaine. (ceannaigh, sé)
8. _____ go luath amárach chun an teach a ghlanadh. (éirigh, sibh)

⭐ Scríobh cúig abairt ag baint úsáid as na briathra thuas.

An gceannóidh?
Ceannóidh / **Ní** **ch**eannóidh.

An éireoidh?
Éireoidh / **Ní** éireoidh.

1. An gceannóidh Daid grán rósta sa phictiúrlann?
   _____

2. An mbaileoidh an freastalaí an bruscar ag deireadh an scannáin?
   _____

3. An éireoidh Daithí in am don scoil amárach?
   _____

4. _____ Mamó ag caoineadh i rith an scannáin?
   Tosóidh.

5. _____
   Ní dhúiseoidh.

An teilifís

H. Gramadach: An forainm réamhfhoclach 'ar'.

ar — Tá seacht euro **ar** thicéad.

orm (mé)	**ort** (tú)	**air** (sé)	**uirthi** (sí)
Bhí eagla **orm**.	An bhfuil sceitimíní **ort**?	Chuir sé spéaclaí 3T **air**.	Bhí tinneas cinn **uirthi**.

orainn (sinn)	**oraibh** (sibh)	**orthu** (siad)
D'iarr an freastalaí **orainn** suí síos.	Tá **oraibh** suí i ró D.	Chuir mé ceist **orthu** faoin scannán.

1. An bhfuil sceitimíní _____ ag tnúth leis an scannán nua? (tú)
2. Tá ceithre euro is caoga _____. (grán rósta)
3. Tháinig dath an bháis _____ ag deireadh an scannáin scanrúil. (sé)
4. Tá luiteoga dubha agus t-léine chlóite _____ inniu. (mé)
5. Tá slaghdán _____ inniu mar shiúil sibh abhaile sa bháisteach inné. (sibh)
6. Chuir mé ceist _____ faoina feisteas nua. (sí)
7. Beidh _____ bualadh le Alex ar fiche tar éis a cúig. (siad)
8. D'iarr an múinteoir _____ píosa a scríobh faoin scannán is fearr linn. (sinn)

⭐ Scríobh cúig abairt ag baint úsáid as na réamhfhocail thuas.

Conas a mhothaigh siad?

1. D'fhéach Daithí ar scannán scanrúil. Bhí _____ air.

2. D'fhéach Niamh ar scannán brónach. Bhí _____ _____.

3. D'fhéach mé ar scannán greannmhar. Bhí _____ _____.

4. D'fhéach Seán agus Liam ar scannán an-fhada. _____.

⭐ Conas a mhothaigh tusa tar éis an scannán deireanach ar fhéach tú air?

14 Scannáin iontacha

Eiseamláirí

Cad é an scannán is fearr leat? Is é ___ an scannán is fearr liom.	Cén sórt scannáin é? Is scannán ___ é.
Cé hiad na carachtair? Is iad ___ na carachtair. Is é / í ___ an laoch agus is é / í ___ an droch-charachtar.	Cén fáth arb é seo an scannán is fearr leat? Is é seo an scannán is fearr liom mar ___.

Superman

Tháinig an chéad scannán *Superman* amach sa bhliain 1978. Is scannán aicsin é. Tá an scannán bunaithe ar ghreannán. Tháinig Superman ón bpláinéad Krypton go dtí an domhan seo. Sárlaoch ab ea é. Bhí cumhachtaí speisialta aige: bhí sé in ann eitilt agus bhí sé an-láidir ar fad. Is é Lex Luthor an droch-charachtar sa scannán. Bíonn Superman le feiceáil fós i scannáin, mar shampla sa scannán *Batman v Superman*.

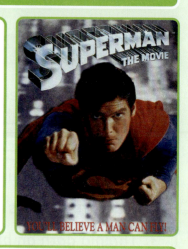

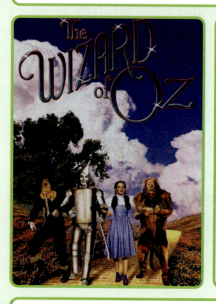

The Wizard of Oz

Tháinig an scannán *The Wizard of Oz* amach sa bhliain 1939. Is ceoldráma é. Tá an scannán bunaithe ar leabhar. Is í Dorothy laoch an scannáin. Tá an cailín óg seo i dTír Oz agus í ag iarraidh dul abhaile go Kansas. Áit dhraíochta é Oz. Buaileann Dorothy le go leor carachtar suimiúil ann. Leanann siad Bóthar na mBrící Buí go dtí an Emerald City chun an Wizard of Oz a fheiceáil. Is iad na carachtair eile sin an fear bréige, an fear iarainn agus an leon. Is í an Wicked Witch of the West an droch-charachtar sa scannán seo.

Star Wars

Tháinig an scannán *Star Wars* amach sa bhliain 1977. Is scannán ficsean eolaíochta (Sci-Fi) é. Thaitin an scannán le daoine idir óg agus aosta. Chuir daoine aithne ar na laochra Chewbacca, Hans Solo, Luke Skywalker agus Banphrionsa Leia agus, ar ndóigh, ar an droch-charachtar Darth Vader. Thaitin an dá róbat C-3PO agus R2-D2 go mór le daoine. Bhí siad an-ghreannmhar ar fad. Tá naoi scannán sa tsraith *Star Wars* anois. Tháinig criú *Star Wars* go Sceilig Mhichíl amach ó chósta Chiarraí chun an radharc deireanach sa scannán *Star Wars: The Force Awakens* a dhéanamh.

An teilifís

A. Freagair na ceisteanna.

1. Cathain a tháinig an chéad scannán *Superman* amach?
2. Cad iad na cumhachtaí speisialta a bhí ag Superman?
3. Cé hé an droch-charachtar i *Superman*?
4. Cén sórt scannáin é *The Wizard of Oz*?
5. Cé hí laoch *The Wizard of Oz*?
6. Cá raibh Dorothy agus a cairde ag dul?
7. Cé hiad na carachtair i *Star Wars*?
8. Cén fáth ar tháinig criú *Stars Wars* go hÉirinn?
9. Cén fáth, meas tú, a rinneadh scannáin eile *Star Wars* tar éis an chéad scannáin?

 Cad é an scannán is fearr leatsa? Cén fáth?

B. Fíor nó bréagach?

1. Tá an scannán *Superman* bunaithe ar ghreannán.
2. Tá Superman in ann eitilt.
3. Is é Darth Vader an droch-charachtar sa scannán *Superman*.
4. Tháinig an scannán *The Wizard of Oz* amach sa bhliain 1939.
5. Is í an Wicked Witch of the West an laoch sa scannán *The Wizard of Oz*.
6. Is ceoldráma é *Star Wars*.
7. Tá an scannán *Star Wars* bunaithe ar leabhar.
8. Tá naoi scannán sa tsraith *Star Wars* anois.

C. Déan achoimre ar an eolas.

	Superman	The Wizard of Oz	Star Wars
Tháinig sé amach i	1978		
An sórt scannáin			ficsean eolaíochta
Bunaithe ar		leabhar	
Laoch / Laochra			
Droch-charachtar			

Scannáin iontacha

D. Comhrá.

Agallóir: Cad é an scannán is fearr leatsa?
Síofra: Is é *Conor Cróga agus Sadhbh na Saighde* an scannán is fearr liom.
Agallóir: Cén sórt scannáin é?
Síofra: Is scannán aicsin é. Tá sé bunaithe ar leabhar.
Agallóir: Cé hiad na carachtair?
Síofra: Is iad Conor Cróga agus Sadhbh na Saighde na laochra agus is é An Chuil an droch-charachtar. Tá cumhachtaí speisialta ag na laochra. Tá Conor an-láidir agus tá Sadhbh an-tapa.
Agallóir: Cén fáth arb é seo an scannán is fearr leat?
Síofra: Is é seo an scannán is fearr liom mar tá sé greannmhar agus tá sé lán d'aicsean. Is breá liom carachtar Shadhbh freisin. Tá sí an-chliste agus is maith léi cleasa a imirt, cosúil liomsa.

E. Cén fáth arb é seo an scannán is fearr leat?

Is é ____ an scannán is fearr liom mar…

…tá sé…	…tá sé lán…	…is breá liom…	…tá na carachtair…
an-ghreannmhar.	d'aicsean.	na carachtair.	cliste.
an-chorraitheach.	d'amhráin.	na haisteoirí.	greannmhar.
an-suimiúil.	de dhamhsa.	an scéal.	suimiúil.
	de chleasa.	an ceol.	cróga.
	de ghreann.	an feisteas.	cosúil liomsa.

1. Is é *Na Rógairí Beaga* an scannán is fearr le Seán mar tá sé an-ghreannmhar. Tá sé lán de chleasa. Is breá leis na carachtair freisin. Tá siad cosúil leis.

2. Is é *Na Laochra* an _____ is _____ le hOisín mar _____ lán d'aicsean. Is _____ leis na carachtair freisin. Tá siad an-chliste.

3. Is é _____ an scannán is fearr *liomsa* mar _____
_____.

4. Is é _____ an scannán is fearr *le mo chara* mar _____
_____.

Cérbh é an scannán ab fhearr leat agus tú níos óige?
Cén fáth arbh é sin an scannán ab fhearr leat?

An teilifís

F. Éist agus líon na bearnaí.

scannán aicsin | scannán greannmhar | scannán scanrúil
scannán ficsean eolaíochta | ceoldráma | cartún

 1. Is é *An Taibhse san Áiléar* an scannán is fearr liom.
   Is scannán _____ é.

 2. Is é *An Clóca Draíochta* an scannán is fearr liom.
   Is _____ é.

 3. Is é *An Madra Diabhalta* an _____ is fearr liom.
   Is _____ _____ é.

 4. Is é *Scoil Rac is Roll* an _____ _____ _____ _____.
   Is _____ _____.

 5. Is é *Na Laochra* an _____ _____ _____ _____.
   Is _____ _____.

6. _____ *An Buachaill ón bPláinéad X* _____.
   _____.

G. Chun ... a ...

Chuaigh Dorothy go dtí an Emerald City **chun** an Wizard of Oz **a fheiceáil**.

a cheannach | a ithe | a fheiceáil | a dhéanamh | a stopadh | a imirt

1. Chuaigh Síofra agus Magda go dtí an phictiúrlann _____ scannán _____.

2. Chuaigh Seán agus Daithí go dtí an pháirc _____ cluiche peile _____.

3. Thug Mam airgead dom _____ grán rósta _____.

4. Cheannaigh Mamó comhábhair _____ dinnéar blasta _____.

5. Ghlac na páistí sos _____ sneaic bheag _____.

6. D'úsáid an laoch bogha is saighead _____ an droch-charachtar _____.

Críochnaigh an abairt: 'Chuaigh mé go dtí an t-ionad siopadóireachta chun _____.'

Scannáin iontacha

H. Briathra: An Aimsir Fháistineach – an dara réimniú.

Oscail

Os**cl**óidh mé
Os**cl**óidh tú
Os**cl**óidh sé
Os**cl**óidh sí
Os**cl**óimid (sinn)
Os**cl**óidh sibh
Os**cl**óidh siad

Inis

Inseoidh mé
Inseoidh tú
Inseoidh sé
Inseoidh sí
Inseoimid (sinn)
Inseoidh sibh
Inseoidh siad

1. _____ ar a haon a chlog amárach. (oscail, an phictiúrlann)
2. _____ díobh anocht faoin scannán. (inis, mé)
3. _____ sa chluiche ceannais an tseachtain seo chugainn. (imir, sibh)
4. _____ an chuid eile den scéal dúinn amárach. (inis, siad)
5. _____ an táibléad leis an teilifís agus féachfaidh sé ar fhíseáin. (ceangail, sé)
6. _____ an scéal ar fad dúinn ag an deireadh seachtaine. (inis, sí)
7. _____ cluiche cispheile sa rang corpoideachais amárach. (imir, sinn)
8. _____ an siopa go moch maidin Dé Luain. (oscail, mé)

⭐ Scríobh cúig abairt ag baint úsáid as na briathra thuas.

An osclóidh?
Osclóidh / **Ní** osclóidh.

An inseoidh?
Inseoidh / **Ní** inseoidh.

1. An osclóidh an t-ollmhargadh ar a hocht maidin Dé Domhnaigh?
   _____
2. An inseoidh an múinteoir don rang cé a bhuaigh an duais?
   _____
3. An imreoidh an fhoireann cluiche Dé Sathairn seo chugainn?
   _____
4. _____ Seán bréag do Dhaid?
   Ní inseoidh.
5. _____
   Osclóidh.

An teilifís

I. Gramadach: Focail cheisteacha.

Cé?   **Cad?**   **Cathain?**   **Cén?**   **Cén fáth?**

Beidh Aoife ag dul go dtí an phictiúrlann Dé Sathairn. Beidh sí ag dul chun an scannán scanrúil nua *Oíche Dhorcha a Dó* a fheiceáil.

Ceist
1. **Cé** a bheidh ag dul?
2. **Cathain** a bheidh sí ag dul?
3. **Cén fáth** a mbeidh sí ag dul?
4. **Cad** is ainm don scannán?
5. **Cén** sórt scannáin é?

Freagra
1. Beidh **Aoife** ag dul.
2. Beidh sí ag dul **Dé Sathairn**.
3. Beidh sí ag dul **chun scannán a fheiceáil**.
4. **Oíche Dhorcha a Dó** is ainm don scannán.
5. Is **scannán scanrúil** é.

 Tháinig an scannán *Scoil Rac is Roll* amach i 2017. Is ceoldráma é. Is í Jessie an laoch. Is é seo an scannán is fearr liom mar tá sé lán d'amhráin iontacha.

1. _____ é an scannán is fearr léi?
2. _____ sórt scannáin é?
3. _____ a tháinig sé amach?
4. _____ hé an laoch?
5. _____ arb é sin an scannán is fearr léi?

1. Is é *Scoil Rac is Roll* an scannán is léi.
2. Is _____ é.
3. Tháinig sé amach i _____.
4. Is í _____.
5. _____ _____.

 Scríobh cúig cheist ag baint úsáid as na focail cheisteacha thuas.

J. Na fuaimeanna: 'c' agus 'ch'. Cuir na litreacha in ord.

 carachtar   droch-**ch**arachtar

 leo**c** _____

 aol**ch** _____

 nnáns**c**a si**c**ain _____

 sléa**c** _____

___onai___ mé s___annán ionta___.   Is s___annán fi___sean eolaío___ta é.

 Scríobh trí fhocal eile leis an bhfuaim 'c' agus trí fhocal eile leis an bhfuaim 'ch'.

Scannáin iontacha

K. Scríobh faoin scannán is fearr le Liam.

Ainm an scannáin: Oíche Dhorcha
Sórt: Scannán scanrúil
Tháinig sé amach i: 2016
Na laochra: Emily, Jack agus a seanmháthair
Na droch-charachtair: Na taibhsí
Eolas eile: Is cuid de shraith é, beidh *Oíche Dhorcha a Dó* ag teacht amach go luath.
An fáth gurb é seo an scannán is fearr liom: Tá sé an-scanrúil agus greannmhar ag an am céanna.

Is é _____ an scannán is fearr liom. Scannán _____ is ea é. Tháinig sé amach i _____. Is iad _____, _____ agus a _____ na laochra agus is iad _____ na droch-charachtair. Is cuid de _____ é. Beidh *Oíche Dhorcha a Dó* ag teacht amach go luath. Táim ag tnúth go mór leis. Is é seo an scannán is fearr liom mar _____
_____.

L. Scríobh faoin scannán is fearr le hAoife.

Ainm an scannáin: *I bhFeighil an Tí*
Sórt: Scannán greannmhar
Tháinig sé amach i: 2017
Na laochra: Sam, Sophie agus Charlie
Na droch-charachtair: Na comharsana
Eolas eile: Tá sé bunaithe ar leabhar.
An fáth gurb é seo an scannán is fearr liom: Bím sna tríthí gáire gach uair dá bhféachaim air.

Is é *I bhFeighil an Tí* _____
_____
_____
_____
_____
_____

An teilifís

M. Scríobh faoin scannán is fearr leatsa.

Ainm an scannáin: _____
Sórt: _____
Tháinig sé amach i: _____
Na laochra: _____
Na droch-charachtair: _____
Eolas eile: _____
An fáth gurb é seo an scannán is fearr liom: _____

_____
_____
_____
_____
_____
_____
_____
_____
_____
_____

Sórt	Bunaithe ar	Tá sé...	Tá sé lán...
greannmhar	leabhar	an-ghreannmhar	d'aicsean
brónach	ghreannán	an-chorraitheach	d'amhráin
scanrúil		an-suimiúil	de dhamhsa
aicsin			de chleasa
dráma	**Is breá liom...**	**Tá na carachtair...**	de ghreann
ceoldráma	na carachtair	cliste	
cartún	na haisteoirí	greannmhar	
ficsean eolaíochta	an scéal	suimiúil	
	an ceol	cróga	
	na feistis	cosúil liomsa	

15 An rinc scátála oighir

Eiseamláirí

| Cad tá á dhéanamh agat? Tá mé ag ___. | Tá an aimsir ag dul i bhfeabhas / ag dul in olcas. |
| Beidh / Ní bheidh ___ amárach. | Is dócha go mbeidh ___. |

An aimsir

A. Léigh an fógra.

Spraoi ag scátáil
Rinc scátála oighir
Deireadh Fómhair – Aibreán
Gach lá ó 9 am go 10 pm

Is í an rinc scátála oighir is fearr in Éirinn í!

Cad tá anseo?
- Rinc ollmhór
- Rinc níos lú do pháistí óga
- Caifé – deochanna agus sneaiceanna

Cad a bheidh ag teastáil uait?
- Stocaí troma
- Éadaí teolaí

Cad tá ar siúl?
- Scátáil ó 9 am go 7 pm.
- Dioscó ar an oighear ar a 7.
- Scátáil do dhaoine fásta amháin tar éis a 8.
- Bíodh do chóisir agat anseo – gach eolas ag an deasc.

Conas áit a chur in áirithe
Is féidir áit a chur in áirithe:
- ar líne ag www.spraoiagscatail.com
- ar an bhfón 01 385 4789

Uair an chloig ar an leac oighir ar son:
- €10.00 (daoine fásta)
- €7.00 (páistí)
- €25.00 (líon tí de cheathrar)

Treoracha: Táimid suite díreach in aice leis an ionad siopadóireachta sa bhaile mór.

B. Freagair na ceisteanna.

1. Cad iad na míonna a mbíonn an rinc scátála ar oscailt?
2. Cén t-am a n-osclaíonn sé gach lá?
3. Cé mhéad rinceanna atá ann?
4. Cad a bhíonn ann ar a seacht gach lá?
5. Cad a bheidh ag teastáil ó dhaoine ag an rinc scátála?
6. Conas a chuireann tú áit in áirithe?
7. Cad tá in aice leis an rinc scátála?
8. An gcosnaíonn ticéad do dhuine fásta níos mó ná ticéad do pháiste? Cé mhéad níos mó?
9. Cá fhad is féidir leat a chaitheamh ar an oighear?

 An raibh tú ag rinc scátála oighir riamh? Inis dúinn faoi.

An rinc scátála oighir

C. Comhrá.

Mam: Anseo atá tú, a Oisín. Cad tá á dhéanamh agat?
Oisín: Táim ag lorg na málaí plaisteacha.
Mam: Cén fáth?
Oisín: Tá sé ag plúchadh sneachta.
Mam: Tá a fhios agam. Tá mé ag crith leis an bhfuacht. Ach cén fáth a bhfuil málaí plaisteacha uait?
Oisín: Beidh brat sneachta ar an talamh amárach. Rachaidh mé go dtí an cnoc mór agus sleamhnóidh mé síos ar mhálaí plaisteacha.
Mam: Nílim cinnte faoi sin, a Oisín. An cuimhin leat cad a tharla anuraidh? Bhuail tú faoi chrann!
Oisín: Ach, a Mham, bhí mé ag tnúth go mór leis an sneachta. Beidh mé ceart go leor.
Mam: Ná bí ag argóint! Bhí mé ag éisteacht le réamhaisnéis na haimsire, ar aon nós, agus beidh an aimsir ag dul i bhfeabhas. Beidh sé grianmhar maidin amárach. Is dócha go mbeidh an chuid is mó den sneachta imithe.
Oisín: Ní bhíonn an t-ádh orm riamh!

D. Beidh sé ... Is dócha go mbeidh...

 grianmhar
 tirim
 an-fhuar
 an-ghaofar
 ag stealladh báistí
 ag plúchadh sneachta

1. Beidh sé _____ anocht. Is dócha go mbeidh stoirm ann.
2. Beidh sé _____ Dé Sathairn.
   Is dócha ____ _____ an trá dubh le daoine.
3. Beidh ____ _____ amárach.
   Is dócha ____ _____ an scoil dúnta.
4. _____ sa tráthnóna.
   _____ scáth báistí uaibh.
5. _____ an tseachtain ar fad.
   _____ tart ar na plandaí.
6. _____ anocht.
   _____ leac oighir ar na bóithre ar maidin.

 Féach ar réamhaisnéis na haimsire anocht. Cén sórt aimsire a bheidh ann amárach?

An aimsir

E. Éist agus tarraing nó scríobh.

Am	Dé Luain	Dé Máirt	Dé Céadaoin	Déardaoin	Dé hAoine
Ar maidin	an-ghaofar				
Sa tráthnóna					

F. Dán.

An Sneachta
Le S. Ó Finneadha

Thit sneachta bog bán
Anuas ón spéir,
Nuair a bhí mé i mo luí
Ar mo leaba aréir.

Tá sneachta bog bán
Anois i ngach áit,
Ar theach is ar chrann,
Ar shráid is ar pháirc.

Beidh againn spórt,
Mé féin agus Seán,
Ag súgradh inniu
Sa sneachta bog bán.

Cad a dhéanfaidh an file agus Seán sa sneachta, meas tú?

An rinc scátála oighir

G. Briathra: An Aimsir Fháistineach – briathra neamhrialta.

Abair
Déarfaidh mé
Déarfaidh tú
Déarfaidh sé
Déarfaidh sí
Déarfaimid (sinn)
Déarfaidh sibh
Déarfaidh siad

Beir
Béarfaidh mé
Béarfaidh tú
Béarfaidh sé
Béarfaidh sí
Béarfaimid (sinn)
Béarfaidh sibh
Béarfaidh siad

1. _____ cúpla focal roimh an seó. (abair, sibh)
2. _____ ar an scáth báistí ar eagla go dtosóidh sé ag cur báistí. (beir, mé)
3. _____ leis an rang na bróga peile a chur orthu. (abair, an múinteoir)
4. _____ ar mo lámh má bhíonn eagla air. (beir, sé)
5. Caithfidh mé an liathróid agus _____ uirthi. (beir, tú)
6. _____ liom é má bhíonn deoch uisce uaithi. (abair, sí)
7. _____ ort má léimeann tú anuas. (beir, sinn)
8. _____ liom é má thagann mo chara go dtí an doras. (abair, siad)

⭐ Scríobh cúig abairt ag baint úsáid as na briathra thuas.

An ndéarfaidh?
Déarfaidh / **Ní** déarfaidh.

An mbéarfaidh?
Béarfaidh / **Ní** b**héarfaidh.

1. An ndéarfaidh tú cúpla focal roimh an gceolchoirm?
   _____
2. An mbéarfaidh Lóla ar an luch atá ag rith timpeall san áiléar?
   _____
3. An ndéarfaidh sibh 'Dia duit ar maidin' leis an múinteoir ar maidin?
   _____
4. _____ tú ar an liathróid má chaithim í?
   Béarfaidh.
5. _____
   Déarfaidh.

An aimsir

H. Gramadach: 'An–' agus 'ró'.

an- + h (ach amháin le d t s)

ró + h

Tá sé fuar inniu.

Tá sé an-fhuar inniu.

Tá sé rófhuar inniu chun dul amach.

Tá sé te inniu.

Tá sé an-te inniu.

Tá sé róthe inniu chun dul amach.

te fuar fliuch tirim gaofar deas

1. Bhí sé an-_____ aréir agus tá leac oighir ar na bóithre inniu.

2. Bhí sé ró_____ chun an cluiche a imirt.

3. Tá an aimsir ag dul in olcas. Beidh sé an-_____ amárach.

4. Ní fhásann a lán plandaí sa Sahára mar tá sé ró_____ agus ró_____.

5. Tá an aimsir ag dul i bhfeabhas. Beidh sé an-_____ amárach.

1. Bhí sé an-_____ ach ní raibh sé ró_____ chun dul amach. (fliuch)
2. Bhí an cóta an-_____ ar Oisín ach ní raibh sé ró_____ dó. (beag)
3. Bhí an obair an-_____ ach ní raibh sé ró_____ do Shíofra. (deacair)

 Líon na bearnaí san abairt: Bhí sé ____ ach ní raibh sé ____ chun dul ag scátáil.

16 Tom Crean

Eiseamláirí

Cén séasúr is fearr leat? Is fearr liom ___. Is é ___ an séasúr is fearr liom.	Bíonn an aimsir ___.
Bím in ann ___ a ___.	An rud is mó a thaitníonn liom faoi ná ___.

Rugadh Tom Crean i gContae Chiarraí ar 20 Iúil 1877. D'fhág Tom a bhaile nuair a bhí sé cúig bliana déag d'aois. Chuaigh sé isteach i gcabhlach Shasana. Bhí sé ró-óg don chabhlach, ach d'inis sé bréag agus dúirt go raibh sé sé bliana déag d'aois. Chaith sé ocht mbliana sa chabhlach. Thaistil sé ar fud an domhain.

Sa bhliain 1901 bhuail sé le Robert Falcon Scott. Bhí Scott ag pleanáil turais go dtí an tAntartach ar a long *Discovery*. Thug sé cuireadh do Crean a bheith sa chriú. Bhí an turas an-dian ar fad. Bhí sé nimhneach fuar agus bhí stoirmeacha móra ar an bhfarraige. Bhí orthu stopadh agus teacht ar ais 480 míle ón bPol Theas.

Chuaigh Crean ar ais go dtí an tAntartach i 1910 ar an long *SS Terra Nova*. D'éirigh cuid de na fir an-tinn ar an turas. Bhí an teocht an-íseal agus bhí siad préachta leis an bhfuacht. Bhí ar Crean 35 míle a shiúl ina aonar, chun cabhair a fháil. Fuair sé bonn speisialta ón Rí Seoirse.

I 1914 chuaigh Crean ar turas eile go dtí an Pol Theas. Bhí sé i gcriú Ernest Shackleton ar an long *Endurance* an t-am seo. Ach bhris an long in oighear trom. Sheol Shackleton, Crean agus triúr fear eile go dtí an tSeoirsia Theas chun cabhair a fháil. Turas fada dian a bhí ann ach d'éirigh leo.

Ba chróga an fear é Tom Crean agus tá muintir na hÉireann an-bhródúil as.

An aimsir

A. Freagair na ceisteanna.

1. Cathain ar rugadh Tom Crean?
2. Cén áit ar rugadh sé?
3. Cén aois a bhí Crean nuair a d'fhág sé a bhaile?
4. Cén bréag a d'inis sé?
5. Cé leis ar bhuail Crean sa bhliain 1901?
6. Cad a fuair sé ón Rí Seoirse? Cén fáth?
7. Cá ndeachaigh Ernest Shackleton agus Tom Crean i 1914?
8. Cén t-ainm a bhí ar an long ar an tríú turas?
9. Ar chróga an fear é Tom Crean, i do thuairim? Cén fáth?

Cad é an turas is faide a rinne tusa riamh? Cá ndeachaigh tú?

B. Fíor nó bréagach?

1. Rugadh Tom Crean i gContae Chiarraí.
2. D'fhág Tom a bhaile nuair a bhí sé sé bliana déag d'aois.
3. Bhí an turas ar an long *Discovery* éasca go leor.
4. Stop an long *Discovery* 480 míle ón bPol Theas.
5. D'éirigh cuid de na fir ar an long *SS Terra Nova* an-tinn.
6. Ar an tríú turas, bhris an long in oighear trom.
7. Fuair Tom Crean cabhair ón Rí Seoirse.
8. Chaith Tom Crean a lán dá shaol in áiteanna fuara.

C. Déan achoimre ar an eolas.

Óige Tom	An *Discovery*	An *SS Terra Nova*	An *Endurance*
• 20 Iúil 1877 • Contae Chiarraí • Cabhlach Shasana • Ocht mbliana	• 1901 • Robert Falcon Scott • Turas an-dian • Stop siad 480 míle ón bPol Theas	1910	

Tom Crean

D. Comhrá.

Síofra: Cén séasúr is fearr libh?

Seán: Is fearr liomsa an samhradh. Bíonn an aimsir go deas teolaí. Bím in ann peil a imirt amuigh faoin aer.

Magda: Is é an fómhar an séasúr is fearr liomsa. Bíonn an aimsir níos fuaire agus bím in ann geansaí teolaí a chaitheamh. An rud is mó a thaitníonn liom faoi ná dul ag siúl sna duilleoga.

Liam: Is é an t-earrach an séasúr is fearr liomsa. Bíonn an aimsir ag dul i bhfeabhas agus an teocht ag dul in airde. An rud is mó a thaitníonn liom faoi ná na hainmhithe nua ar fheirm mo sheanathar.

Síofra: Is fearr liomsa an geimhreadh. Is aoibhinn liom dul ag siúl sa sneachta.

Magda: Is cinnte go bhfuil rudaí maithe agus drochrudaí le rá faoi gach séasúr.

E. Cén séasúr is fearr leat?

 dul go dtí an trá

 fear sneachta a dhéanamh

 dul ag siúl sna duilleoga

 na bláthanna deasa ag fás arís

 na huain sna páirceanna

 cluichí a imirt amuigh faoin aer

 dul ag scátáil ar an leac oighir

 Oíche Shamhna

1. Is é an fómhar an séasúr is fearr liom. An rud is mó a thaitníonn liom faoi ná _____.

2. Is é an geimhreadh _____. An rud is mó a thaitníonn _____.

3. Is é an t-earrach _____. An rud is mó _____.

4. _____ an samhradh _____. _____.

Cén séasúr is fearr leatsa? Cad é an rud is mó a thaitníonn leat faoi?

An aimsir

F. Éist agus líon na bearnaí.

1.
Bíonn an aimsir bog agus an-fhliuch.

2.
Bíonn an aimsir _____ _____.

3.
Bíonn an aimsir _____ _____.

4.
Bíonn _____ _____.

5.
_____ _____.

6.
_____ _____ sa gheimhreadh ach _____ sa samhradh.

G. Cuir snas ar na habairtí.

Abairtí	Abairtí snasta
Oíche fhuar a bhí ann.	Oíche **nimhneach fuar** a bhí ann.
Bhí Oisín an-fhuar.	Bhí Oisín **préachta leis an bhfuacht**.
1. Chuaigh Síofra amach gan éadaí teolaí agus bhí sí an-fhuar.	1.
2. Beidh sé fuar anocht.	2.
3. Las Daid tine mhór sa seomra suite mar bhí an teach an-fhuar.	3.
4. Fan taobh istigh inniu, tá sé an-fhuar amuigh.	4.

 Scríobh na nathanna thuas in abairtí.

Tom Crean

H. Briathra: An Aimsir Fháistineach – briathra neamhrialta.

Bí
Beidh mé
Beidh tú
Beidh sé
Beidh sí
Beimid (sinn)
Beidh sibh
Beidh siad

Clois
Cloisfidh mé
Cloisfidh tú
Cloisfidh sé
Cloisfidh sí
Cloisfimid (sinn)
Cloisfidh sibh
Cloisfidh siad

1. _____ ag stealladh báistí amárach. (bí, sé)
2. _____ réamhaisnéis na haimsire ar an raidió anocht. (clois, sí)
3. _____ tinn má théann tú amach sa sneachta gan do chóta. (bí, tú)
4. _____ an clog ag bualadh ar a naoi. (clois, na páistí)
5. _____ déanach don scoil mar tá leac oighir ar na bóithre. (bí, mé)
6. _____ na héin ag canadh má éirímid go luath ar maidin. (clois, siad)
7. _____ ábalta fear sneachta a dhéanamh má thiteann sneachta. (bí, sinn)
8. Féach ar an tintreach. _____ an toirneach i gceann cúpla soicind. (clois, sibh)

⭐ Scríobh cúig abairt ag baint úsáid as na briathra thuas.

An mbeidh?
Beidh / Ní bheidh.

An gcloisfidh?
Cloisfidh / Ní chloisfidh.

1. An mbeidh sé fliuch i mBaile Átha Cliath amárach?
   Ní bheidh. Beidh sé grianmhar ann amárach.

2. An gcloisfidh na daoine toirneach i nGaillimh amárach?
   _____

3. An mbeidh sé tirim i gCorcaigh amárach?
   _____

4. An gcloisfidh na daoine an ghaoth ag séideadh i gCorcaigh amárach?
   _____

5. _____
   Beidh.

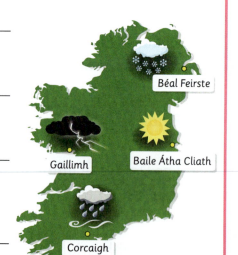

An aimsir

I. Gramadach: Na céimeanna comparáide.

fuar	níos fuaire	is fuaire		te	níos teo	is teo

fliuch	níos fliche	is fliche		beag	níos lú	is lú
mór	níos mó	is mó		maith	níos fearr	is fearr

1. Is é an tAntartach an áit **is fuaire** ar domhan.
2. In Éirinn, bíonn an samhradh _____ ná an geimhreadh.
3. Bíonn an aimsir san Íoslainn _____ ná an aimsir sa Sahára.
4. Is í Cathair na Vatacáine an tír _____ sa domhan.
5. Is í Baile Átha Cliath an chathair _____ in Éirinn.
6. Bhí sé fliuch inniu ach tá an aimsir ag dul in olcas. Beidh sé _____ fós amárach.
7. Tá lá tirim go _____. Tá lá te _____. Ach is é lá te tirim an lá _____.

 Cad é an contae is lú in Éirinn? Cad é an tír is mó sa domhan?

J. Na fuaimeanna: 'm' agus 'mh'. Roghnaigh na litreacha cearta.

 mór   an-**mh**ór

 an fó___ar   ___ála scoile   stoir___   an gei___readh

Bíonn an ai___sir tiri___ anseo.   Beidh ai___sir grian___ar a___árach.

 Scríobh trí fhocal eile leis an bhfuaim 'm' agus trí fhocal eile leis an bhfuaim 'mh'.

Tom Crean

K. Léigh an plean agus an dán faoin sneachta.

An plean
aidiachtaí: bán, fuar, bog
briathra: ag titim / ag plúchadh
bím in ann: fear sneachta a dhéanamh, liathróidí sneachta a chaitheamh

An sneachta

Tá sé bán,
Tá sé fuar,
Tá sé bog.

Nuair a bhíonn sé ag titim,
Bím in ann fear sneachta a dhéanamh,
Agus liathróidí sneachta a chaitheamh.

Cad é?
An sneachta.

L. Léigh an plean agus críochnaigh an dán faoin ngaoth.

An plean
aidiachtaí: láidir, glórach, fuar
briathra: ag séideadh
bím in ann: eitleog a eitilt, bád a sheoladh

An ghaoth

Tá sí _____,
Tá sí _____,
Tá sí _____.

Nuair a bhíonn sí _____,
Bím in ann _____,
Nó _____.

Cad í?
_____.

An aimsir

M. Léigh an plean agus scríobh dán faoin mbáisteach.

An plean

aidiachtaí: fluch, fuar, trom
briathra: ag titim / ag stealladh
bím in ann: léim i locháin, buataisí a chaitheamh

An bháisteach

_____
_____
_____
_____
_____
_____
_____
_____

N. Scríobh an plean agus an dán faoin ngrian.

An plean

aidiachtaí: _____
briathra: _____
bím in ann: _____
_____

An ghrian

_____
_____
_____
_____
_____
_____
_____

Súil siar C

A. Briathra: An Aimsir Fháistineach.

Plean Shíofra don Satharn

> glan cuir féach éist imir ceannaigh
> tosaigh cabhraigh bailigh éirigh

_____ mé ar a hocht a chlog. Ar dtús, _____ mé le Mam timpeall an tí. _____ mé mo sheomra codlata. _____ mé na héadaí salacha agus _____ mé iad sa mheaisín níocháin. Ansin, _____ mé le ceol ar feadh uair nó dhó. Tar éis lóin, _____ mé sa ghairdín le hOisín, má bhíonn an lá go deas. An tráthnóna sin, _____ mé luiteoga agus cúpla t-léine ar líne. Tá éadaí nua compordacha uaim. _____ movie marathon ar an teilifís ar a seacht a chlog. _____ mé air le Seán agus Oisín.

 Scríobh cúig abairt ag baint úsáid as cuid de na briathra thuas.

B. Gramadach: Ceartaigh na botúin.

Na rudaí is fearr liom

Is aoibhinn liom éadaí gleoite faiseanta. Ní oireann éadaí neamhfhoirmiúla ~~duit~~ **dom**. **Cé** a cheapann tú **do** mo bhróga nua? Tá siad beagáinín **rómór** ach is breá liom iad.

Is é *Scoil Rac is Roll* an scannán is fearr liom. Is ceoldráma é agus tá sé i bhfad **níos maith** ná aon cheoldráma eile. Tá sé **an-greannmhar** agus lán d'amhráin iontacha. Féachaim **orthu** cúpla uair sa mhí.

Is é an fómhar an séasúr is fearr liom. Bíonn an aimsir foirfe – **níos fuar** ná an samhradh agus **is teo** ná an geimhreadh. Bím in ann geansaí teolaí a chaitheamh agus dul ag siúl sna duilleoga. Bíonn gliondar croí **dom** san fhómhar.

 Scríobh trí abairt le botúin agus tabhair do do chara iad chun na botúin a cheartú.

Súil siar

C. Aimsigh na focail chontrártha.

dorcha fada ard an-te íseal
mór geal istigh an-fhuar
bán gearr lag áthas go hiontach
go huafásach scamallach catach níos mó
grianmhar brón
díreach tapa
beag
amuigh bean láidir tirim dubh
níos lú fliuch mall
fear

dorcha – geal
_____   _____   _____
_____   _____   _____
_____   _____   _____
_____   _____   _____

⭐ 'Droch-charachtar' – cad é an chontrárthacht?

D. Seanfhocal.

Cuir síoda ar ghabhar agus is gabhar i gcónaí é.

⭐ Tarraing pictiúr chun an seanfhocal a mhíniú.

17 Páirc an Chrócaigh

Eiseamláirí

Cé a bhí ag imirt?
Bhí ___ ag imirt i gcoinne ___.

Bhí ___ chun tosaigh / ar gcúl.

Cé a bhuaigh?
Bhuaigh ___. Chaill ___.

Tá mé bródúil as ___.
Rinne siad a ndícheall.

Caitheamh aimsire

A. Léigh an ticéad.

> Páirc an Chrócaigh
> CLG Sraithchomórtas Sinsir na hÉireann san Iománaíocht
>
> ### Cluiche Ceannais
> ### Áth Cliath v Loch Garman
>
> Dé Domhnaigh, 16 Aibreán
>
> **ROINN 715**
>
> Ró K   Suíochán 6
> Ardán Uí Ógáin – An tSraith Uachtarach
>
> Téigh isteach Ascaill San Séamas agus geataí A agus B
>
> **Luach: €30.00**
>
> www.gaa.ie

B. Freagair na ceisteanna.

1. Cá bhfuil an cluiche ar siúl?
2. Cad iad na foirne a bheidh ag imirt?
3. Cén dáta a mbeidh an cluiche ar siúl?
4. Cén praghas atá ar an ticéad?
5. Cá bhfuil an suíochán seo suite?
6. Cén suíomh idirlín atá luaite ar an ticéad?
7. Conas a théann siad isteach sa staid?
8. Cén spórt atá i gceist?
9. An cluiche mór é seo?

 An raibh tú ag cluiche riamh? Scríobh faoi.

Páirc an Chrócaigh

C. Comhrá.

Magda: Dia duit, a Shíofra! Aon scéal?

Síofra: Haigh, a Magda. Bhí mé ag cluiche iománaíochta den scoth i bPáirc an Chrócaigh inné.

Magda: Cé a bhí ag imirt?

Síofra: Bhí Áth Cliath ag imirt i gcoinne Loch Garman.

Magda: Cé a bhuaigh?

Síofra: Bhuel, éist leis seo, bhí Áth Cliath chun tosaigh an cluiche ar fad.

Magda: Cad a tharla?

Síofra: Ní raibh ach dhá nóiméad fágtha. I bpreabadh na súl, rug imreoir as Loch Garman ar an sliotar agus fuair sé cúl. Bhí siad ar comhscór ansin.

Magda: A thiarcais!

Síofra: Agus ansin sa nóiméad deireanach fuair Loch Garman cúilín. Leis sin, chaill Áth Cliath.

Magda: Mí-ádh! An raibh brón oraibh?

Síofra: Bhí brón orainn cinnte ach bhí cuid de na himreoirí croíbhriste.

Magda: Bhuel, sin an saol.

Síofra: Sin é go díreach. Tá mé bródúil as an bhfoireann fós. Rinne siad a ndícheall.

D. Léigh na scórchláir agus líon na bearnaí.

| 70:00 | Cill Chainnigh 2-20 (26) |
| | Tiobraid Árann 2-29 (35) |

1. Bhí _____ ag imirt i gcoinne _____.

| 35:00 | Pórt Láirge 1-5 (8) |
| | Cill Dara 1-4 (7) |

2. Bhí Port Láirge chun _____.

| 70:00 | Sligeach 3-10 (19) |
| | Ros Comáin 1-10 (13) |

3. _____ Ros Comáin.

| 65:30 | Luimneach 1-16 (19) |
| | An Clár 0-19 (19) |

4. Bhí siad ar _____.

Faigh amach cé a bhí ag imirt i gCluiche Ceannais na hÉireann san iománaíocht anuraidh.

Caitheamh aimsire

E. Éist agus freagair na ceisteanna.

1. Cén sórt cluiche a bhí ann?
   Cluiche _____ a bhí ann.

2. Cá raibh an cluiche ar siúl?
   Bhí an cluiche ar siúl _____.

3. Cé a bhí ag imirt?
   Bhí _____ agus _____ ag imirt.

4. Cé a bhí chun tosaigh ar dtús?
   Bhí _____ chun tosaigh ar dtús.

5. Cé a bhuaigh?
   Bhuaigh _____.

F. Amhrán.

Amhrán na bhFiann

Sinne Fianna Fáil
Atá faoi gheall ag Éirinn,
Buíon dár slua
Thar toinn do ráinig chugainn.
Faoi mhóid bheith saor
Seantír ár sinsir feasta,
Ní fhágfar faoin tíorán ná faoin tráil;
Anocht a théim sa bhearna bhaoil,
Le gean ar Ghaeil, chun báis nó saoil,
Le gunnascréach faoi lámhach na bpiléar,
Seo libh canaig' amhrán na bhFiann.

Faigh amach cé a scríobh 'Amhrán na bhFiann' agus cathain a scríobh sé é.

Páirc an Chrócaigh

G. Briathra: An Aimsir Fháistineach – briathra neamhrialta.

Déan

Déan**faidh** mé
Déan**faidh** tú
Déan**faidh** sé
Déan**faidh** sí
Déan**faimid** (sinn)
Déan**faidh** sibh
Déan**faidh** siad

Faigh

Gheobhaidh mé
Gheobhaidh tú
Gheobhaidh sé
Gheobhaidh sí
Gheobhaimid (sinn)
Gheobhaidh sibh
Gheobhaidh siad

1. _____ a ndícheall sa scrúdú amárach. (déan, siad)
2. _____ cúl sa chluiche ag an deireadh seachtaine. (faigh, sinn)
3. _____ póstaer don chluiche ceannais. (déan, mé)
4. _____ seans eile chun cúl a fháil. (faigh, sibh)
5. _____ a chuid obair bhaile roimh an gcluiche. (déan, Seán)
6. _____ cárta dearg má bhriseann tú na rialacha. (faigh, tú)
7. _____ bratach álainn d'fhoireann na scoile. (déan, sí)
8. _____ bualadh bos mór ón lucht féachana. (faigh, sé)

⭐ Scríobh cúig abairt ag baint úsáid as na briathra thuas.

An ndéanfaidh?
Déanfaidh / **Ní d**héanfaidh.

An bhfaighidh?
Gheobhaidh / **Ní bhfaighidh**.

1. An ndéanfaidh Mamó ceapairí don fhoireann?
   _____

2. An bhfaighidh siad cúl eile, meas tú?
   _____

3. An ndéanfaidh an captaen óráid má bhuann siad?
   _____

4. _____ Daid ticéid don chluiche mór amárach?
   Gheobhaidh.

5. _____
   Ní dhéanfaidh.

Caitheamh aimsire

H. Gramadach: An forainm réamhfhoclach 'as'.

as — Tá mé an-bhródúil **as** Seán.

asam (mé)	**asat** (tú)	**as** (sé)	**aisti** (sí)
Bhain an luch geit **asam**.	Ar bhain an torann preab **asat**?	Bhain an fear grinn gáire **as**.	Bhain an buachaill tuisle **aisti**.

asainn (sinn)	**asaibh** (sibh)	**astu** (siad)
Ligeamar béic **asainn**.	Ar lig sibh scread **asaibh**?	Bhí an lucht féachana bródúil **astu**.

1. Chonaic Seán damhán alla agus lig sé béic uafáis _____. (sé)
2. Nuair a bhuaigh an fhoireann an cluiche bhí an captaen bródúil _____. (siad)
3. Bhain an toirneach preab _____. (mé)
4. Lig tú scread mhór _____ nuair a bhí tú i do chodladh. (tú)
5. Baineadh geit uafásach _____ nuair a chonaic sibh an timpiste. (sibh)
6. Ligeamar béic mhór _____ nuair a fuair ár bhfoireann cúl. (sinn)
7. Thóg siad an cluiche consóil nua amach chun triail a bhaint _____. (sé)
8. Baineann siad an-taitneamh _____. (spórt)

 Scríobh cúig abairt ag baint úsáid as na réamhfhocail thuas.

Cé as a bhí Mam bródúil?

 1. Bhuaigh Seán comórtas. Bhí Mam bródúil **as**.

 2. Bhuaigh Síofra rás. Bhí Mam bródúil _____.

 3. Bhuaigh Daid agus Oisín duais. Bhí Mam bródúil _____.

 4. Chaill an fhoireann an cluiche ach bhí Mam bródúil _____ mar rinne siad a ndícheall.

 An raibh tú féin bródúil as aon duine riamh?

18 Clann Lir

Eiseamláirí

Cé chomh minic is a ___? gach uile lá, dhá uair sa tseachtain, gach seachtain, uair nó dhó sa tseachtain / sa mhí	An imríonn tú ar fhoireann? Imríonn. / Ní imríonn.
Cá háit ar an bpáirc a n-imríonn tú? Imrím sna tosaithe / sna cúlaithe / i lár na páirce / sa chúl.	Bhuaigh mé cluiche / comórtas / bonn.

Bhí rí in Éirinn fadó. Lear ab ainm dó. Phós Lear bean álainn, Aoibh. Bhí ceathrar páistí acu: Fionnuala, Aodh, Fiachra agus Conn. Ach fuair Aoibh bás nuair a bhí na páistí óg. Bhí Lear croíbhriste. Bhí sé uaigneach agus bhí brón air freisin nach raibh máthair ag na páistí.

Cúpla bliain ina dhiaidh sin, phós Lear deirfiúr Aoibh. Aoife an t-ainm a bhí uirthi. Bhí sí an-deas leis na páistí ar dtús. Ach tháinig éad uirthi tar éis tamaill, mar chaith Lear a lán ama leis na páistí. Bhí grá an-mhór aige dóibh. Tháinig fearg ar Aoibh agus tháinig eagla ar na páistí roimpi.

Lá amháin, thug Aoife agus na páistí cuairt ar Loch Dairbhreach. Chuaigh na páistí ag snámh sa loch. Chuir Aoife faoi gheasa iad agus rinne sí ealaí díobh ar fad. 'Beidh oraibh trí chéad bliain a chaitheamh anseo, trí chéad bliain eile ar Shruth na Maoile agus trí chéad bliain eile fós ar an bhFarraige Mhór,' ar sise leo.

Bhí Lear ar buile nuair a chuala sé cad a bhí déanta ag Aoife. Chuir sé an ruaig uirthi. Thug Lear cuairt ar na páistí gach uile lá go dtí go bhfuair sé bás. Chan na páistí amhráin áille do Lear ón loch.

Caitheamh aimsire

Mar a dúirt Aoife, chaith na páistí trí chéad bliain ar Loch Dairbhreach. Ansin chaith siad trí chéad bliain eile ar Shruth na Maoile. Bhí an aimsir go dona agus bhí stoirmeacha uafásacha ann go minic. Tar éis sin, chaith siad trí chéad bliain eile ar an bhFarraige Mhór.

Tar éis an naoi gcéad bliain, d'iompaigh na páistí ar ais ina ndaoine. Bhí Conn, Fionnuala, Fiachra agus Aodh an-sean agus an-lag faoin am seo. Tamall beag ina dhiaidh sin, fuair Clann Lir bás le chéile.

A. Freagair na ceisteanna.

1. Cé a phós Lear ar dtús?
2. Cé mhéad páiste a bhí acu?
3. Cathain a fuair Aoibh bás?
4. Cén fáth a raibh éad ar Aoife?
5. Cá ndeachaigh na páistí ag snámh?
6. Conas a mhothaigh Lear nuair a chuala sé cad a bhí déanta ag Aoife?
7. Cé mhéad bliain a chaith na páistí mar ealaí?
8. Cad a tharla do Chlann Lir ag deireadh an scéil?
9. Ar thaitin sé le Clann Lir bheith ina n-ealaí, meas tú?

An raibh éad ortsa riamh? Scríobh cúpla líne faoi.

B. Déan achoimre ar an scéal.

Rí ab ea Lear. Bhí _____ páistí aige. Fuair a _____ bás agus phós Lear a deirfiúr _____. Bhí sí _____ ar dtús ach tháinig _____ uirthi. Rinne sí _____ de na páistí. Bhí Lear _____ agus chuir sé an ruaig uirthi. Chaith na páistí _____ bliain mar _____. Tar éis sin, d'iompaigh siad ar ais ina ndaoine agus fuair siad _____ le chéile.

Clann Lir

C. Comhrá.

Agallóir: Cé chomh minic is a théann tú ag snámh, a Shíofra?

Síofra: Gach uile lá! Bíonn cleachtadh agam dhá uair sa tseachtain agus téim liom féin ar na laethanta eile.

Agallóir: An maith leatsa snámh, a Magda?

Magda: Ní maith, tá eagla orm roimh uisce. Is í an pheil Ghaelach an caitheamh aimsire is fearr liom.

Agallóir: An imríonn tú ar fhoireann?

Magda: Imrím ar fhoireann na scoile agus tá mé sa chlub áitiúil freisin.

Agallóir: Cé chomh minic is a bhíonn cluiche agat le do chlub?

Magda: Bíonn cluiche againn gach seachtain.

Agallóir: Cad mar gheall ortsa, a Dhaithí? An dtaitníonn spórt leat?

Daithí: Taitníonn spórt liom ach is fearr liom ealaín. Bainim an-taitneamh as bheith ag péinteáil.

Agallóir: An bhfuil tú go maith ag péinteáil?

Daithí: Sílim go bhfuil. Bhuaigh mé comórtas ar scoil anuraidh.

D. Cé chomh minic is a...?

Cad?

Bíonn	**Téim**	**Imrím**
cluiche agam	ag snámh	peil
traenáil agam	ag damhsa	iománaíocht
cleachtadh agam	ag rith	camógaíocht
ceacht agam	ag marcaíocht	cispheil
		leadóg

Cé chomh minic?

gach uile lá.
dhá uair sa tseachtain.
gach deireadh seachtaine.
uair nó dhó sa tseachtain.
uair nó dhó sa mhí.
ó am go ham.

1. Bíonn traenáil agam gach deireadh seachtaine.
2. _____
3. _____
4. _____
5. _____
6. _____

An bhfuil aon chaitheamh aimsire agat? Cé chomh minic is a dhéanann tú é?

Caitheamh aimsire

E. Éist agus líon na bearnaí.

sna tosaithe   **sna cúlaithe**   **i lár na páirce**   **sa chúl**

 1. Imríonn sé sna _____.

 2. Imríonn sé sna _____.

 3. Imríonn sé _____.

 4. Imríonn sí _____.

 5. Imríonn sé _____.

 6. Imríonn sí _____ de ghnáth.

F. Críochnaigh na habairtí.

Bhí Lear **croíbhriste** nuair a fuair Aoife bás.

bródúil   **ar bís**   **sona sásta**   **ar buile**   **croíbhriste**   **uaigneach**

1. Bhí na páistí _____ roimh an gcluiche ceannais.
2. Bhí Mam agus Daid _____ nuair a bhuaigh Síofra an rás.
3. Bhí mé _____ an tráthnóna sin a chaith mé sa teach i m'aonar.
4. Dúirt Magda go raibh na himreoirí _____ nuair a chaill siad an cluiche.
5. Nuair a fuair Lear amach cad a bhí déanta ag Aoibh bhí sé _____.
6. Bhí Oisín _____ lena chamán nua.

 Scríobh cúig abairt ag baint úsáid as na mothúcháin thuas.

Clann Lir

G. Briathra: An Aimsir Fháistineach – briathra neamhrialta.

Feic

Feicfidh mé
Feicfidh tú
Feicfidh sé
Feicfidh sí
Feicfimid (sinn)
Feicfidh sibh
Feicfidh siad

Ith

Íosfaidh mé
Íosfaidh tú
Íosfaidh sé
Íosfaidh sí
Íosfaimid (sinn)
Íosfaidh sibh
Íosfaidh siad

1. _____ Síofra ag imirt má bhíonn tú ag an gcluiche amárach. (feic, tú)
2. _____ a dinnéar tar éis na traenála anocht. (ith, sí)
3. _____ thú ag an linn snámha ar a ceathair a chlog. (feic, mé)
4. _____ a lán píotsaí nuair a rachaidh siad go dtí an Iodáil. (ith, siad)
5. _____ a chairde tar éis na scoile amárach. (feic, sé)
6. _____ an lón tar éis an chluiche Dé Sathairn. (ith, sinn)
7. _____ ealaí óga ar an loch amárach. (feic, sibh)
8. _____ ceapairí sa chlub áitiúil tar éis na traenála. (ith, an fhoireann)

⭐ Scríobh cúig abairt ag baint úsáid as na briathra thuas.

An bhfeicfidh?
Feicfidh / **Ní** fheicfidh.

An íosfaidh?
Íosfaidh / **Ní** íosfaidh.

1. An bhfeicfidh Mam na páistí ag imirt sa chluiche amárach?
   _____

2. An íosfaidh an eala an t-arán, meas tú?
   _____

3. An bhfeicfidh Síofra a cairde sa linn snámha Dé Sathairn?
   _____

4. _____ Seán an dinnéar roimh an traenáil?
   Ní íosfaidh.

5. _____
   Feicfidh.

Caitheamh aimsire

H. Gramadach: An forainm réamhfhoclach 'roimh'.

roimh — Tá eagla ar Magda **roimh** mhadraí.

romham (mé)	**romhat** (tú)	**roimhe** (sé)	**roimpi** (sí)
D'oscail sí an doras **romham**.	Tá fáilte **romhat**.	Chríochnaigh mé an rás **roimhe**.	Shroich mé an scoil **roimpi**.

romhainn (sinn)	**romhaibh** (sibh)	**rompu** (siad)
Bhí an loch álainn **romhainn**.	Beidh mé sa bhaile **romhaibh**.	Chuir sí dinnéar **rompu**.

1. Chríochnaigh sé an rás _____ agus fuair sé an bonn óir. (mé)
2. Bhí foireann eile ag imirt sa pháirc _____. (sinn)
3. Chuir siad fáilte mhór _____ nuair a tháinig sé ar cuairt. (sí)
4. Tá eagla orm _____. (aimsir stoirmiúil)
5. Tá eagla ar Thafaí _____. (toirneach)
6. Tháinig an fhoireann amach agus chuir an lucht féachana fáilte _____. (siad)
7. Rith Daithí go maith ach shroich Seán an líne _____. (sé)
8. Dúirt an captaen 'Fáilte _____ go dtí an cluiche ceannais'. (sibh)

⭐ Scríobh cúig abairt ag baint úsáid as na réamhfhocail thuas.

I. Na fuaimeanna: 'p' agus 'ph'. Cuir na litreacha in ord.

peil   cis**ph**eil

órst**p**	tnaeca**p**	éitn**p**	reaf an oi**ph**st
_____	_____	_____	_____

___reab na ___áistí nuair a ___léasc an ___léascóg sa ___áirc.

⭐ Scríobh trí fhocal eile leis an bhfuaim 'p' agus trí fhocal eile leis an bhfuaim 'ph'.

Clann Lir

J. Léigh faoi chaitheamh aimsire Magda.

Taitníonn spórt go mór liom. Imrím sacar agus camógaíocht ach is í an pheil Ghaelach an caitheamh aimsire is fearr liom.

Imrím ar fhoireann na scoile agus tá mé sa chlub áitiúil freisin. Imrím sna tosaithe. Tá mé go maith ag fáil na gcúl!

Téim ag traenáil gach Luan agus Déardaoin. Bíonn cluiche againn gach seachtain de ghnáth. Bhuaigh mo chlub comórtas anuraidh. Bhí mé an-bhródúil.

K. Scríobh faoi do chaitheamh aimsire féin.

___

| Taitníonn ___ go mór liom. | Is é ___ an caitheamh aimsire is fearr liom. | Is breá / aoibhinn / fearr liom ___. | Bhuaigh ___. Chaill ___. |
| Bainim an-taitneamh as bheith ag ___. | Imrím / Seinnim ___. | Tá mé go maith ag ___. | Téim / Bíonn ___ gach ___. |

spórt
peil
sacar
rugbaí
iománaíocht
camógaíocht
cispheil
leadóg
snámh
marcaíocht
ag traenáil
ag imirt
ag cleachtadh
foireann
club áitiúil
cluiche
comórtas
sna tosaithe
sna cúlaithe
i lár na páirce
sa chúl

ceol
giotár
pianó
fidil
feadóg stáin
drumaí
bosca ceoil
ag seinm
ag canadh
cór
banna ceoil
ceacht
ceolchoirm

eile
ealaín
drámaíocht
léitheoireacht
ag léamh
ag péinteáil
ag tarraingt
ceacht
seó
leabhair
leabharlann

L. Scríobh scéal.

An cluiche

---

cluiche ceannais   ag imirt i gcoinne   geansaí peile   bratach   ar bís

---

banna ceoil   an dá fhoireann   lucht féachana   slua mór
Amhrán na bhFiann   ag béiceadh is ag bualadh bos

---

ar dtús   chun tosaigh / ar gcúl   ar comhscór   ansin
imreoir   cúl / cúilín a fháil   neirbhíseach

---

i bpreabadh na súl   rug   sa nóiméad deireanach   leis sin   bhuaigh / chaill
croíbhriste   bródúil   gliondar croí   lúcháir

19 Féile an tsamhraidh

Eiseamláirí

An bhfuil a fhios agat ___? Tá / Níl a fhios agam.	Chuala mé go mbeidh ___.
An cuimhin leat ___? Is / Ní cuimhin liom ___.	An dtiocfaidh tú liom? Tiocfaidh / Ní thiocfaidh. (Ba bhreá liom dul leat.)

Ócáidí speisialta

A. Léigh an bileoigín.

Féile an tsamhraidh
2–4 Meitheamh

Ceol beo: Na Cailíní Fiáine, Na Fidléirí, Seo Linn, banna Naomh Peadar agus eile

Taibheoirí sráide: damhsóirí, lámhchleasaithe agus cleasaithe

Spraoi teaghlaigh: an Roth Mór, preabchaisleán, picnic na mbéiríní, aghaidhphéinteáil

Taispeántais: pictiúir, grianghraif, dealbha

Cluichí: fáinní ar na tairní, an casúr, an spúinse agus eile

Comórtais: tarraingt na téide, rás trí chos agus rás ubh agus spúnóg

Stallaí ceardaíochta: seodra, cártaí agus éadaí

Stallaí bia: cáis, subha, cácaí agus bia úr eile

Eile: scéalaíocht, dánta agus comórtas bácála

Ócáidí tábhachtacha:

* **Oscailt oifigiúil:** Dé hAoine ar a hocht i gCearnóg an Bhaile
* **Comórtais spóirt:** Dé Sathairn ar a dó dhéag, i bPáirc Naomh Pádraig
* **Paráid:** Dé Domhnaigh ar a dó, ag tosú i gCearnóg an Bhaile
* **Tinte ealaíne:** Dé Domhnaigh ar a leathuair tar éis a naoi

B. Freagair na ceisteanna.

1. Cén dáta a thosóidh féile an tsamhraidh?
2. Ainmnigh trí bhanna a bheidh ag seinm ag an bhféile.
3. Ainmnigh trí rud a bheidh ann do theaghlaigh.
4. Cad iad na rásaí a bheidh ar siúl?
5. Cá mbeidh an oscailt oifigiúil ar siúl?
6. Cén lá a mbeidh na comórtais spóirt ar siúl?
7. Cén t-am a thosóidh an pharáid?
8. Céard a bheidh ar siúl Dé Domhnaigh ar a leathuair tar éis a naoi?
9. Cén fáth, meas tú, a mbeidh na tinte ealaíne ar siúl go déanach san oíche?

 An raibh tú ag féile riamh? Cad a rinne tú ann?

Féile an tsamhraidh

C. Comhrá.

Seán: An bhfuil a fhios agat go mbeidh féile an tsamhraidh ag tosú amárach?
Liam: Tá. Táim ag tnúth go mór léi.
Seán: Chuala mé go mbeidh preabchaisleán ann i mbliana.
Liam: Chuala mé go mbeidh Na Cailíní Fiáine ag seinm freisin.
Seán: An cuimhin leat an bhliain seo caite? Bhuaigh mise an rás ubh agus spúnóg.
Liam: Is cuimhin liom an rás ach cheap mé gurbh í Síofra a bhuaigh.
Seán: Síofra? Níor bhuaigh sise. Mise a bhuaigh!
Liam: Bhuel, beidh seans agat arís i mbliana!
Seán: Buafaidh mé é, gan dabht! An dtiocfaidh tú liom Dé Sathairn?
Liam: Ba bhreá liom. Cén t-am a thosóidh sé?
Seán: Beidh na comórtais spóirt ag tosú ar a dó dhéag.
Liam: An mbuailfimid le chéile ag mo theach?
Seán: Smaoineamh maith. Ag do theach ar a haon déag Dé Sathairn, mar sin?
Liam: Foirfe! Tabharfaidh mé cuireadh do Dhaithí. Feicfidh mé ansin thú!

D. Chuala mé go mbeidh...

picnic na mbéiríní   comórtas bácála   an casúr
stalla seodra   rás ubh agus spúnóg

1. Chuala mé go mbeidh _____ ann. Déanfaidh mé borróga blasta.

2. Chuala mé go mbeidh _____ ar siúl. Buafaidh mé é gan dabht!

3. Chuala mé _____ _____ _____ ann. Beidh mo dheirfiúr bheag ar bís!

4. Chuala mé _____. Ba mhaith liom bráisléad a fháil.

5. _____. Bainfidh mé triail as, tá mé an-láidir!

 Scríobh abairt amháin eile faoi rud éigin a bheidh ar siúl ag an bhféile.

Ócáidí speisialta

E. Éist agus freagair na ceisteanna.

1. **Cén** rás a bheidh ag tosú i gceann deich nóiméad?
   _____

2. **Cé** a bhuaigh an rás ubh agus spúnóg anuraidh?
   _____

3. **Cad** tá ar díol anois sa Chearnóg?
   _____

4. **Cad** é an chéad bhanna eile a bheidh ar an stáitse?
   _____

5. **Cén t-am** a mbeidh na tinte ealaíne ag tosú?
   _____

F. Dán.

Bainseó

Bhí bainseó ag Joe is
Bhí bainseó ag Bean Joe
Ach b'fhearr go deo Joe,
Ar an mbainseó ná Bean Joe
Ar an mbainseó go deo.

Cé chomh tapa agus is féidir leat an dán seo a rá?

Bain triail as na rabhlóga seo.

Cheannaigh cailín cliste ceanúil císte.

Seacht sicín ina seasamh sa sneachta lá seaca.

Cearc ag piocadh piobair de phláta Pheadair.

Bíonn báisteach uafásach san fhásach.

Bhí bean bheag bhocht breoite bruite leis an bhfuacht.

Ná bac le mac an bhacaigh is ní bhacfaidh mac an bhacaigh leat.

Féile an tsamhraidh

G. Briathra: An Aimsir Fháistineach – briathra neamhrialta.

Tabhair

Tabharfaidh mé
Tabharfaidh tú
Tabharfaidh sé
Tabharfaidh sí
Tabharfaimid (sinn)
Tabharfaidh sibh
Tabharfaidh siad

Tar

Tiocfaidh mé
Tiocfaidh tú
Tiocfaidh sé
Tiocfaidh sí
Tiocfaimid (sinn)
Tiocfaidh sibh
Tiocfaidh siad

1. _____ cuairt ar an taispeántas tar éis na hoscailte oifigiúla. (tabhair, mé)
2. _____ ar ais ar an stáitse tar éis sos beag. (tar, an banna)
3. _____ síob dóibh go dtí féile an tsamhraidh. (tabhair, sí)
4. _____ go dtí an fhéile liom Dé Sathairn. (tar, tú)
5. _____ airgead dóibh ag an bhféile. (tabhair, sé)
6. _____ abhaile díreach tar éis na dtinte ealaíne. (tar, sibh)
7. _____ ticéid saor in aisce díobh don cheol beo. (tabhair, sinn)
8. _____ amach chun na taibheoirí sráide a fheiceáil. (tar, siad)

⭐ Scríobh cúig abairt ag baint úsáid as na briathra thuas.

An dtabharfaidh?
Tabharfaidh / Ní thabharfaidh.

An dtiocfaidh?
Tiocfaidh / Ní thiocfaidh.

👎 1. An dtabharfaidh an múinteoir duaiseanna do na páistí?
_____

👍 2. An dtiocfaidh Magda agus Síofra go dtí na stallaí ceardaíochta le chéile?
_____

👍 3. An dtabharfaidh tú síob dom go dtí an fhéile?
_____

👎 4. _____ Seán sa chéad áit sa rás ubh agus spúnóg?
Ní thiocfaidh.

👍 5. _____
Tabharfaidh.

Ócáidí speisialta

H. Gramadach: Na horduimhreacha.

Meitheamh						
Dé Domhnaigh	Dé Luain	Dé Máirt	Dé Céadaoin	Déardaoin	Dé hAoine	Dé Sathairn
				1d an chéad lá	2a an dara lá 🎉 Féile an tsamhraidh	3ú an tríú lá 🎉 Féile an tsamhraidh
4ú an ceathrú lá 🎉 Féile an tsamhraidh	5ú an cúigiú lá	6ú an séú lá Cluiche Sheáin	7ú an seachtú lá	8ú an t-ochtú lá Breithlá Oisín	9ú an naoú lá	10ú an deichiú lá Bearbaiciú

1. Cathain a thosóidh féile an tsamhraidh?
   Tosóidh féile an tsamhraidh <u>ar an dara lá Meitheamh</u>.

2. Cathain a chríochnóidh féile an tsamhraidh?
   _____

3. Cathain a bheidh breithlá Oisín ann?
   _____

4. Cathain a bheidh cluiche Sheáin ann?
   _____

⭐ Cathain a bhíonn do bhreithlá agat?

roimh chonsan
- an chéad pháiste
- an dara páiste
- an tríú páiste

roimh ghuta
- an chéad áit
- an dara háit
- an tríú háit

1. Tháinig sé sa _____ _____ agus bhuaigh sé bonn airgid. (áit)
2. Is é Oisín an _____ _____ i dteaghlach Uí Shé. (páiste)
3. Bhuaigh Seán an rás. Bhí sé sa _____ _____. (áit)

⭐ Faigh amach: Cérbh é nó í an naoú hUachtarán ar Éirinn?

20 Rac gan Stad

Eiseamláirí

Léigh mo scéal faoi cheolchoirm iontach.

Conas a bhí ___?	Creid é nó ná creid…
Thar barr! Ar fheabhas!	Ní chreidim thú! Tá sé sin dochreidte!
Go hiontach!	I ndáiríre? Sin an fhírinne.
Ceart go leor. Go dona!	
Go huafásach!	
Cén duine is mó a thaitin leat?	Fán go gcloise tú é seo.

An Aoine seo caite chuaigh mé féin, Seán, Liam agus Daid go dtí féile rac-cheoil. Bhí sé ar siúl sa 3Arena. Bhí mé ag tnúth leis, an tseachtain ar fad.

Bhí an ceathrar againn ag barr na scuaine chun áit mhaith a fháil. Nuair a d'oscail na doirse ritheamar díreach go dtí an stáitse. Bhí an t-atmaisféar go hiontach. Bhí an áit plódaithe le daoine – ag feadaíl, ag béiceadh is ag bualadh bos. Nuair a tháinig an chéad bhanna amach thosaigh gach duine ag léim suas síos.

Tar éis tamaill, chuaigh Daid go dtí an leithreas. Sin an uair a rinneamar rud éigin an-seafóideach. Chuir Seán suas ar a ghuaillí mé. Bhí lúcháir orm mar bhí radharc iontach agam. Ach nuair a tháinig an dara banna amach thosaigh an slua ag brú siar agus aniar. Shleamhnaigh Seán agus thit sé. Thit mise freisin, ar ndóigh.

Ghortaigh mé mo dhroim nuair a bhuail mé an t-urlár. Chabhraigh beirt bhan liom. Bhí náire an domhain orm. Thug siad mé go dtí seomra beag ina raibh dochtúir. Scrúdaigh an dochtúir mé agus thug sí deoch dom. Dúirt sí nach raibh aon rud cearr liom.

Beidh tú go breá.

Ní bheimid go breá nuair a chloisfidh Daid cad a tharla.

Ócáidí speisialta

Nuair a chuala Daid cad a tharla ní raibh sé sásta. Ach bhí áthas air go raibh mé ceart go leor. Ghabh sé buíochas leis an dochtúir agus d'fhilleamar ar an gceolchoirm. Nuair a chonaic mé an slua mór os mo chomhair amach bhris na deora orm. Ní raibh mé ábalta aon rud a fheiceáil. Bhí an áit dubh le daoine agus ní raibh aon bhealach ar ais go dtí an stáitse.

Chonaic an dochtúir cineálta mé ag caoineadh. Thug sí ceithre phas speisialta dúinn. Leis na pasanna, bhí cead againn seasamh ar thaobh an stáitse an chuid eile den oíche. Ní raibh na ceoltóirí ach cúpla méadar uainn. Labhair duine amháin díobh linn. Bhí gliondar croí orainn.

 Ba é sin an lá ab fhearr riamh … cé go ndearna mé rud an-seafóideach.

A. Freagair na ceisteanna.

1. Cá ndeachaigh Síofra an Aoine seo caite?
2. Cé a chuaigh in éineacht léi?
3. Cén fáth a raibh siad ag an 3Arena go luath?
4. Cad a rinne an slua nuair a tháinig an chéad bhanna amach?
5. Cathain a bhí radharc iontach ag Síofra?
6. Cé a chabhraigh le Síofra nuair a thit sí?
7. Cén fáth ar thosaigh Síofra ag caoineadh?
8. Cén fáth a raibh gliondar croí ar na páistí sa deireadh?

 An raibh tú ag ceolchoirm riamh? Cé a bhí ag seinm ann? Cá raibh sé ar siúl?

Rac gan Stad

B. Comhrá.

Niamh: Conas a bhí an cheolchoirm ag an deireadh seachtaine, a Shíofra?
Síofra: Ar fheabhas! Creid é nó ná creid, bhí mé díreach ar thaobh an stáitse.
Niamh: Ní chreidim thú! I ndáiríre?
Síofra: I ndáiríre! Féach ar na pictiúir a ghlac mé.
Niamh: Ó, a Dhia! Tá éad an domhain orm.
Síofra: Ní raibh na ceoltóirí ach cúpla méadar uainn.
Niamh: Thar barr! Cén duine is mó a thaitin leat?
Síofra: Ó, Stiofán Ó Súilleabhain gan dabht. Is ceoltóir iontach é.
Niamh: Ó, táim i ngrá leis! Is aoibhinn liom a cheol.
Síofra: Fán go gcloise tú é seo – labhair sé liom!
Niamh: Tá tú ag insint bréag anois. Ní chreidim thú!
Síofra: Sin an fhírinne. Ghlac mé pictiúr den bheirt againn!
Niamh: Tá sé sin dochreidte! Conas ar éirigh leat bheith ar thaobh an stáitse in aon chor?
Síofra: Ó, sin scéal eile!

C. Conas a bhí...?

| an cluiche | an cheolchoirm | an fhéile | an scannán |

| Thar barr! | Go hiontach! | Ceart go leor. | Go dona! |

1. **Amit:** Conas a bhí _____?
   Liam: _____

2. **Magda:** Conas a bhí _____?
   Seán: _____

3. **Sinéad:** _____?
   Magda: _____

4. **Mam:** _____?
   Daid: _____

 Conas a bhí an deireadh seachtaine agat?

D. Éist agus cuir tic sa bhosca ceart.

1. Chuaigh Tomás go dtí ceolchoirm. ☐
   Chuaigh Tomás go dtí féile. ☐
   Chuaigh Tomás go dtí cluiche. ☐

2. Dar le Tomás, bhí an t-atmaisféar go hiontach. ☐
   Dar le Tomás, bhí an t-atmaisféar go dona. ☐
   Dar le Tomás, bhí an t-atmaisféar ar fheabhas. ☐

3. Bhí stallaí bia agus cluichí éagsula ann. ☐
   Bhí stallaí bia agus banna ceoil ann. ☐
   Bhí banna ceoil agus cluichí éagsúla ann. ☐

4. Bhuaigh Tomás an rás trí chos. ☐
   Bhuaigh Tomás duais ag stalla. ☐
   Bhuaigh Tomás an comórtas bácála. ☐

E. Cuir snas ar na habairtí.

Abairtí	Abairtí snasta
	Bhí **slua mór** ann.
	Bhí an áit **plódaithe**.
Bhí a lán daoine ann.	Bhí an áit **dubh le daoine**.
1. Bhí a lán daoine sa siopa.	1. _____
2. Bhí a lán daoine ag an bhféile.	2. _____
3. Bhí a lán daoine sa scuaine.	3. _____
4. Tháinig a lán daoine chun an cluiche a fheiceáil.	4. _____
5. Bhí a lán daoine sa staid.	5. _____
6. Bhí a lán daoine ar an tsráid.	6. _____

 Scríobh na nathanna thuas in abairtí.

Rac gan Stad

F. Briathra: An Aimsir Fháistineach – briathra neamhrialta.

Téigh

Rachaidh mé
Rachaidh tú
Rachaidh sé
Rachaidh sí
Rachaimid (sinn)
Rachaidh sibh
Rachaidh siad

An rachaidh?
Rachaidh / **Ní** rachaidh.

1. _____ go dtí ceolchoirm Dé hAoine seo chugainn. (mé)
2. _____ go dtí an fhéile mhór amárach. (sinn)
3. Ní _____ suas ar an stáitse mar tá sé ró-neirbhíseach. (Seán)
4. An _____ go dtí an dochtúir má bhíonn tú tinn fós ar maidin? (tú)
5. _____ díreach go dtí barr na scuaine má bhíonn pasanna speisialta agaibh. (sibh)

 Scríobh trí abairt ag baint úsáid as an mbriathar thuas.

Abair	**Beir**	**Bí**	**Clois**	**Déan**
An ndéarfaidh?	An mbéarfaidh?	An mbeidh?	An gcloisfidh?	An ndéanfaidh?
Déarfaidh.	Béarfaidh.	Beidh.	Cloisfidh.	Déanfaidh.
Ní déarfaidh.	Ní bhéarfaidh.	Ní bheidh.	Ní chloisfidh.	Ní dhéanfaidh.

Faigh	**Feic**	**Ith**	**Tabhair**	**Tar**
An bhfaighidh?	An bhfeicfidh?	An íosfaidh?	An dtabharfaidh?	An dtiocfaidh?
Gheobhaidh.	Feicfidh.	Íosfaidh.	Tabharfaidh.	Tiocfaidh.
Ní bhfaighidh.	Ní fheicfidh.	Ní íosfaidh.	Ní thabharfaidh.	Ní thiocfaidh.

Síofra: An _____ (téigh, sinn) go dtí an cheolchoirm i mí Iúil?

Niamh: Nílim cinnte. Ní _____ (bí) mo mham sásta faoi sin. _____ (abair) sí nach bhfuil cead agam.

Síofra: _____ (tar) mo mham linn. _____ (feic, sinn) Na Cailíní Fiáine agus _____ (clois, sinn) an t-amhrán nua ó Stiofán freisin.

Niamh: Ó, is aoibhinn liom Stiofán! B'fhéidir…

Síofra: _____ (ith, sinn) ag an mbialann is fearr leat roimh an seó. _____ (déan) mé t-léinte dúinn agus 'Tá mé i ♥ le Stiofán' scríofa orthu.

Niamh: Labhróidh mé le mo mham. _____ (tabhair) sí cead dom, tá súil agam.

Síofra: Thar barr! _____ (faigh) mé na ticéid Dé Sathairn.

Ócáidí speisialta

G. Gramadach: Uatha agus iolra '+i'

Uatha	**Iolra**
crann	crainn
leabhar	leabhair
bronntanas	bronntanais

1. Ar maidin, ní raibh ach **scamall** amháin sa spéir ach bhí sí lán de **scamaill** sa tráthnóna.
2. Ghlac Seán **pictiúr** amháin den bhanna. Ghlac Síofra _____ den bhanna agus den slua.
3. Bhí **cnoc** amháin níos airde ná na _____ eile.
4. D'ith Síofra **milseán** amháin agus d'ith Oisín na _____ eile.
5. Fuair Oisín **rothar** agus fuair Seán agus Síofra _____.
6. Chuir Aoife a hainm ar a **camán** mar bhí sé cosúil leis na _____ eile.

⭐ Scríobh na focail seo san iolra: a. capall b. scannán c. bord

H. Na fuaimeanna: 't' agus 'th'. Roghnaigh na litreacha cearta.

a **t**icéad | a **th**icéad

pic___iúr | blá___ | ceol___óir | ri___sí

Bhí an ái___ plódai___e. | Sheas siad ar ___aobh an s___ái___se.

Bhí an cheolchoirm cear___ go leor. | Bhí an cheolchoirm ___ar barr!

⭐ Scríobh trí fhocal eile leis an bhfuaim 't' agus trí fhocail eile leis an bhfuaim 'th'.

Rac gan Stad

1. Scríobh smaointe na gcarachtar.

| Tá siad chomh hard. | Tá sé seo chomh greannmhar. | Beag an seans, a Sheáin! |

| Buafaidh mé gan dabht. | Tá mé chomh láidir. |

Daid: Tá mé fliuch báite!
Mam: _____
_____
Seán: _____
_____
Síofra: _____
_____
Oisín: _____
_____
Daithí: _____
_____

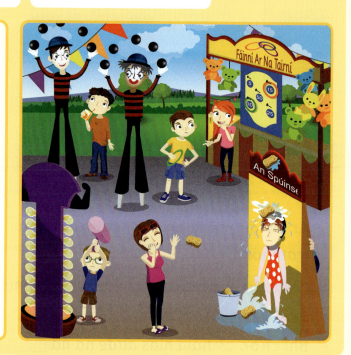

| is aoibhinn liom | ní maith liom | an cheolchoirm seo | an t-amhrán seo |

| go hiontach | thar barr | ar fheabhas | compordach |

Síofra: _____
_____
Seán: _____
_____
Liam: _____
_____
Daid: _____
_____

Ócáidí speisialta

J. Scríobh an scéal.

An cheolchoirm

ceoltóirí	ag seinm	plódaithe	thar barr
banna	ag tnúth leis	dubh le daoine	ar fheabhas
damhsóirí	ag feadaíl		go hiontach
amhráin	ag béiceadh	ar bís	dochreidte
stáitse	ag bualadh bos	lúcháir	
scuaine	ag léim suas síos	gliondar croí	
an t-atmaisféar	ag brú siar is aniar		
radharc iontach			
slua	chan		
	sheinn		
	ghlac		

Súil siar D

A. Briathra: An Aimsir Fháistineach – briathra neamhrialta.

An plean do chluiche an Domhnaigh

beir · bí · clois · déan · faigh · feic · ith · tabhair · tar · téigh

B_____ an cluiche ceannais ar siúl Dé Domhnaigh seo chugainn. Tá mé ag tnúth go mór leis. R_____ mé ann le mo chairde. T_____ Mam linn freisin. T_____ mé mo bhratach liom. D_____ Mam ceapairí le tabhairt linn. F_____ mé an tUachtarán. C_____ mé an banna ceoil ag seinm 'Amhrán na bhFiann'. Í_____ mé mo cheapairí ag leath-am. Fan go bhfeice tú, b_____ Seamus Ó Néill ar an liathróid agus g_____ sé cúl.

 Scríobh cúig abairt ag baint úsáid as cuid de na briathra thuas.

B. Gramadach: Na forainmneacha réamhfhoclacha.

le	ag	ó	do	de	ar	as	roimh
liom				díom			
	agat					asat	
		uaidh	dó				
					uirthi		
		uainn				asainn	
				díbh			
					orthu		rompu

 Scríobh cúig cinn de na réamhfhocail thuas in abairtí.

Súil siar

C. Ceangail ceithre cinn.

Imir i mbeirteanna nó in dhá fhoireann. Freagair ceist chun do chúntóir a chur ar chearnóg. Beidh an bua ag an gcéad imreoir / fhoireann a cheanglóidh ceithre chearnóg.

An dtaitníonn snámh leat?	Cad é an leabhar is fearr leat?	Cé hé an droch-charachtar sa scannán *Star Wars*?	Cén sórt aimsire atá ann inniu?	Cén t-údar is mó a thaitníonn leat?
An raibh tú ag cluiche spóirt riamh?	Cén t-imreoir spóirt is mó a thaitníonn leat?	Cad iad na héadaí a chaitheann tú de ghnáth?	Cén sórt aimsire a bhíonn ann san Antartach?	Cén sórt scannáin é *Superman*?
Cé acu is fearr leat – scannán greannmhar nó scannán aicsin?	An féidir leat scátáil ar leac oighir?	Cén ceoltóir is mó a thaitníonn leat?	Cá háit ar an bpáirc a n-imríonn an cúl báire?	Ar bhuaigh tú aon rud riamh? Cérbh é?
An imríonn tú ar fhoireann?	Cén séasúr is fearr leat?	Cad é an scannán is fearr leat?	Cad é an rud is mó a thaitníonn leat faoin séasúr is fearr leat?	Ainmnigh long amháin a ndeachaigh Tom Crean air.
Cad é an ball éadaigh is fearr leat?	Cad é an clár teilifíse is fearr leat?	An raibh tú ag ceolchoirm riamh?	Cé a bhuaigh cluiche ceannais na hÉireann sa pheil anuraidh?	Cé hí an laoch sa scannán *The Wizard of Oz*?

 Tomhas: Cad é a théann suas nuair a thagann an bháisteach anuas?

D. Seanfhocal.

Is glas iad na cnoic i bhfad uainn.

 Tarraing pictiúr chun an seanfhocal a mhíniú.

Mar chabhair duit

Frásaí úsáideacha

Dia duit.	Hello.
Dia is Muire duit.	Hello (response).
Conas tá tú? / Cén chaoi a bhfuil tú?	How are you?
Tá / Níl mé go maith.	I am / am not good.
Tá mé ceart go leor. / Tá mé go hiontach.	I am all right. / I am feeling great.
Aon scéal?	Any story / news?
Cad a rinne tú inné?	What did you do yesterday?
Cad a rinne tú ag an deireadh seachtaine?	What did you do at the weekend?
Más é do thoil é. / Le do thoil.	Please.
Go raibh maith agat.	Thank you.
Fáilte romhat.	You are welcome.
Tabhair dom ___.	Pass me ___.
Seo duit.	Here you are.
Anseo! / Táim anseo.	Here! / I am here.
Tá sé / sí as láthair.	He / She is absent.
Tá mé réidh. / Tá críochnaithe agam.	I am ready. / I have finished.
Cén t-am é?	What time is it?
Tá sé ___.	It is ___.
An bhfuil cead agam dul go dtí an _____?	May I go to the _____?
An bhfuil cead agam _____ a fháil?	May I get _____?
Tá cabhair uaim.	I need help.
Tuigim. / Ní thuigim.	I understand. / I do not understand.
Cén Ghaeilge atá ar ___?	What is the Irish for ___?
Conas a deir tú ___?	How do you say ___?
Litrigh ___, le do thoil.	Spell ___, please.
Abair é sin arís!	Say that again!
Ná bí buartha.	Don't worry.
Ná bac le ___.	Don't mind ___.
Ná bí ag ___.	Don't be ___.
Rinne mé é trí thimpiste.	I did it by accident.
Cad tá cearr leat?	What is wrong with you?
Tá mé tinn.	I am sick.
Slán. / Slán abhaile. / Slán agus beannacht.	Goodbye.
Feicfidh mé amárach thú!	See you tomorrow!

Mé féin

Cad is ainm duit? / Cé thusa?	What is your name? / Who are you?
___ is ainm dom. / Is mise ___.	My name is ___. / I am ___.
Cén aois thú?	What age are you?
Tá mé ___ d'aois.	I am ___ years old.
Cé mhéad duine atá i do theaghlach?	How many are there in your family?
Tá ___ i mo theaghlach.	There are ___ in my family.
An bhfuil aon deirfiúr nó deartháir agat?	Do you have a sister or brother?
Tá ___ agam. / Níl aon ___ agam.	I have ___. / I do not have any ___.
Cén sórt duine thú?	What sort of person are you?
Is duine ___ mé.	I am a ___ person.
Cá bhfuil tú i do chónaí?	Where do you live?
Tá mé i mo chónaí i ___. / Cónaím i ___.	I live in ___.
Cad as duit? / Cár rugadh thú?	Where are you from? / Where were you born?
Is as ___ dom. / Rugadh mé i ___.	I am from ___. / I was born in ___.
Cad ba mhaith leat a dhéanamh lá éigin?	What would you like to do one day?
Ba mhaith liom a bheith i mo ___.	I would like to be a ___.

máthair	mother	aisteoir	actor
athair	father	altra	nurse
tuismitheoirí	parents	ceoltóir	musician
deirfiúr(acha)	sister(s)	cócaire	chef
deartháir(eacha)	brother(s)	cóitseálaí spóirt	sports coach
seanmháthair	grandmother	dochtúir	doctor
seanathair	grandfather	feirmeoir	farmer
aintín / aintíní	aunt / aunts	fiaclóir	dentist
uncail / uncailí	uncle / uncles	freastalaí	waiter / assistant
col ceathrar / col ceathracha	cousin / cousins	garda	guard
cairdiúil	friendly	gruagaire	hairdresser
cineálta	kind	innealtóir	engineer
greannmhar	funny	múinteoir	teacher
cainteach	chatty	tógálaí	builder
cliste	clever	tréidlia	vet
gealgháireach	cheerful	fear gnó / bean ghnó	businessman / businesswoman

Mar chabhair duit

Bia

An maith leat ___?		Do you like ___?	
Is / Ní maith liom ___.		I do / do not like ___.	
Is breá / aoibhinn / fuath liom ___.		I like very much / love / hate ___.	
An dtaitníonn ___ leat?		Do you like ___?	
Taitníonn ___ (go mór) liom.		I (really) like ___.	
Cén sórt bia is fearr leat?		What sort of food do you prefer?	
Is fearr liom ___.		I prefer ___.	
Is maith liom ___ ach is fearr liom ___.		I like ___ but I prefer ___.	
Cad tá uait?		What would you like?	
Ba mhaith liom ___.		I would like ___.	
Cad a itheann tú ag am ___ de ghnáth?		What do you usually eat at ___ time?	
Ba mhaith liom ___ a dhéanamh.		I would like to make ___.	
Cad iad na comhábhair a bheidh uaim?		What ingredients do I need?	
Beidh ___ uait.		You need ___.	
Conas a dhéanfaidh mé é?		How will I make it?	
Tóg amach / Cuir / Measc / Doirt ___.		Take out / Put / Mix / Pour ___.	
Tá ___ go maith / go dona duit.		___ is good / bad for you.	
Ba chóir duit ___ a ithe / a ól.		You should eat / drink ___.	
Caithfidh tú níos mó / níos lú ___ a ithe.		You have to eat more / less ___.	
Tá ___ lán de ___.		___ is full of ___.	
Itheann daoine a lán ___.		People eat a lot of ___.	
Úsáideann daoine ___ go minic.		People use ___ often.	
gránach	cereal	stobhach	stew
torthaí	fruit	anraith	soup
glasraí	vegetables	anlann	sauce
anann	pineapple	ola	oil
fraocháin ghorma	blueberries	borróga	buns
fíonchaora	grapes	bricfeasta	breakfast
pónairí	beans	lón	lunch
feoil	meat	dinnéar	dinner
bagún	bacon	milis	sweet
mairteoil	beef	úr	fresh
bradán	salmon	spúnóg (adhmaid)	(wooden) spoon
ubh fhriochta	fried egg	stán / tráidire bácála	baking tin / tray
ubh bhruite	boiled egg	oigheann	oven

Sa bhaile

Cónaím i dteach.	I live in a house.
Cónaím i mbungaló.	I live in a bungalow.
Cónaím in árasán.	I live in an apartment.
___ is ea é.	It is a ___.
Tá sé cuíosach mór / beag.	It is fairly big / small.
Cé mhéad seomra atá i do theach?	How many rooms are there in your house?
Tá ___ seomra i mo theach.	There are ___ rooms in my house.
Thuas / Thíos staighre, tá ___.	Upstairs / Downstairs, there is ___.
Tá ___ ann.	There is ___.
Tá ___ sa ___.	There is ___ in the ___.
Tá ___ ar an ___.	There is ___ on the ___.
Tá dath ___ ar ___.	The ___ is ___ (colour).
Cad é an seoladh?	What is the address?
Tá sé suite ___.	It is situated ___.
Tá ___ níos mó ná ___ ó mo theach.	The ___ is more than ___ from my house.

foirgneamh	building	teach dhá stór	two-storey house
balla	wall	bungaló	bungalow
díon	roof	árasán	apartment
thuas staighre	upstairs	teach scoite	detached house
thíos staighre	downstairs	teach leathscoite	semi-detached house
halla	hall	teach sraithe	terraced house
cistin	kitchen	cathair	city
seomra suite	sitting room	baile mór	town
seomra bia	dining room	sráidbhaile	village
seomra spraoi	playroom	faoin tuath	in the country
seomra folctha	bathroom		
seomra codlata	bedroom		
áiléar	attic		

Mar chabhair duit

An scoil

Cén rang ina bhfuil tú?	Which class are you in?
Tá mé i Rang ___.	I am in ___ Class.
Cad is ainm do do mhúinteoir?	What is your teacher's name?
___ is ainm dó / di.	His / Her name is ___.
Cén scoil ina bhfuil tú?	Which school are you in?
Tá mé i ___. / Tá mé ag freastal ar ___.	I am in ___. / I am attending ___.
Scoil ___ is ea í.	It is a ___ school.
Tá an scoil suite ___.	The school is situated ___.
Níl sé ach ___ nóiméad ó mo theach.	It is only ___ minutes from my house.
Cén sórt áiseanna atá agaibh?	What sort of facilities do you have?
Tá ___ againn.	We have ___.
Cad é an t-ábhar is mó a thaitníonn leat?	What subject do you like the most?
Is é ___ an t-ábhar is mó a thaitníonn liom.	The subject that I like the most is ___.
Conas a théann tú ar scoil gach lá?	How do you go to school every day?
Siúlaim. / Téim ar an mbus. /	I walk. / I go on the bus. /
Faighim síob ó ___.	I get a lift from ___.
An gcaitheann tú éide scoile?	Do you wear a school uniform?
Caitheann. / Ní chaitheann. Caithim ___.	I do. / I don't. I wear ___.

múinteoir	teacher	scoil mheasctha	mixed school
dalta / daltaí	pupil / pupils	scoil cailíní amháin	girls only school
príomhoide	principal	scoil buachaillí amháin	boys only school
rúnaí	secretary	Béarla	English
feighlí	caretaker	Gaeilge	Irish
seomra ranga	classroom	mata	maths
halla spóirt	sports hall	stair	history
seomra na ríomhairí	computer room	tíreolaíocht	geography
leabharlann	library	eolaíocht	science
oifig	office	corpoideachas	PE
leithreas	toilet	ceol	music
clós	schoolyard	ealaín	art
páirc imeartha	playing field	drámaíocht	drama

Siopadóireacht

An féidir liom cabhrú leat?	Can I help you?
Cad tá uait?	What would you like?
Tá ___ uaim.	I would like ___.
Ba mhaith liom ___ a cheannach.	I would like to buy ___.
Tá mé ag iarraidh ___ a cheannach.	I want to buy ___.
Tá ___ ag teastáil uaim.	I need ___.
B'fhearr liom ___.	I would prefer ___.
An bhfuil siad le fáil i ndath ar bith eile?	Are they available in any other colour?
Tá. Tá ___ againn.	They are. We have ___.
Cén cineál ar mhaith leat?	Which type would you like?
Ar mhaith leat ___ nó ___?	Would you like ___ or ___?
Ba mhaith liom ___, le do thoil.	I would like ___, please.
Cén praghas atá ar ___?	What price is ___?
Tá ___ euro air.	It is ___ euro.
Cad / Cé mhéad a chosnaíonn ___?	What / How much does ___ cost?
Cosnaíonn sé ___ euro.	It costs ___ euro.
Tá ___ sa díolachán.	___ is in the sale.
Seo duit ___ euro.	Here is ___ euro.
Seo duit do shóinseáil.	Here is your change.
Níl ach ___ euro agam.	I only have ___ euro.
Tá ___ fágtha agam.	I have ___ left.

ionad siopadóireachta	shopping centre	siopa éadaí	clothes shop
freastalaí	assistant	siopa milseán	sweet shop
fear / bean an tsiopa	shopkeeper	siopa leabhar	bookshop
airgead	money	siopa spóirt	sports shop
cárta creidmheasa	credit card	siopa leictreonaice	electronics shop
sparán	purse	siopa ceoil	music shop
praghas	price	ollmhargadh	supermarket
leathphraghas	half price	banc	bank
sóinseáil	change	oifig an phoist	post office
daor / saor	expensive / cheap	cógaslann	pharmacy
díolachán	sale	margadh	market

Mar chabhair duit

Éadaí

Bhí ___ air / uirthi.		He / She was wearing ___.	
Tá ___ á chaitheamh ag ___.		___ is wearing ___.	
Bain ___ de ___. / Bhain mé ___ díom.		Take ___ off ___. / I took off ___.	
Cuir ___ ar ___. / Chuir mé ___ orm.		Put ___ on ___. / I put on ___.	
Cad a cheapann tú de mo ___?		What do you think of my ___?	
Tá sé go hálainn / an-fhaiseanta.		It is lovely / very fashionable.	
Tá ___ an- / ró ___.		___ is very / too ___.	
As ___ atá sé déanta.		It is made of / from ___.	
Caithim ___.		I wear ___.	
Oireann / Ní oireann ___ dom.		___ suits / does not suit me.	
Ní cheapaim go bhfuil ___ go deas orm.		I don't think that ___ is nice on me.	
Cad a chaithfidh tú?		What will you wear?	
Caithfidh mé ___.		I will wear ___.	
geansaí	jumper	fáinne	ring
geansaí peile	football jersey	fáinní cluaise	earrings
húdaí	hoodie	bráisléad	bracelet
briste	trousers	muince	necklace
bríste géine	jeans	spéaclaí (gréine)	(sun) glasses
bríste gairid	shorts	mála láimhe	handbag
sciorta	skirt	éadaí neamhfhoirmiúla	casual wear
gúna	dress	éadaí spóirt	sportswear
t-léine	t-shirt	éadaí ócáide	occasion wear
léine	shirt	faiseanta	fashionable
blús	blouse	álainn / galánta	lovely
seaicéad	jacket	deas	nice
cóta	coat	compordach	comfortable
culaith spóirt	tracksuit	íseal / ard	low / high
luiteoga	leggings	geal / dorcha	bright / dark
riteoga	tights	daite	colourful
carbhat	tie	seolta	cool
caipín	cap	gleoite	pretty
bróga reatha	runners	galánta	elegant / fine
buataisí	boots	snasta	polished
cuaráin	sandals	clóite	printed

An teilifís

Cad tá ar siúl?	What is on?
Tá ___ ar siúl.	___ is on.
Múch an teilifís.	Turn off the television.
Cad a cheap tú?	What did you think?
An chuid is fearr a thaitin liom ná ___.	The part I liked best was ___.
Bhí sé i bhfad níos fearr ná ___.	It was far better than ___.
Féachaim ar ___.	I watch ___.
Cé acu is fearr leat, ___ nó ___?	Which do you prefer, ___ or ___?
Is fearr liom ___ mar ___.	I prefer ___ because ___.
Cad é an ___ is fearr leat?	What is your favourite ___?
Is é ___ an ___ is fearr liom.	___ is my favourite ___.
Cén fáth arb é seo an ___ is fearr leat?	Why is that your favourite ___?
Is é seo an ___ is fearr liom mar ___.	That is my favourite ___ because ___.
Cén sórt ___ é?	What sort of ___ is it?
Cé hiad na carachtair?	Who are the characters?
Is iad ___ na carachtair.	___ are the characters.
Cad a úsáideann tú chun ___?	What do you use to ___?
Úsáidim ___ chun ___.	I use ___ to ___.

clár (teilifíse)	(television) programme	físeán	video
cartún	cartoon	idirlíon (ar líne)	internet (online)
clár spóirt	sports programme	scannán / scannáin	film / films
clár ceoil	music programme	pictiúrlann	cinema
clár dúlra	nature programme	carachtar	character
sobalchlár	soap opera	laoch	hero
fón (cliste)	(smart) phone	droch-charactar	villain
táibléad	tablet	aisteoir / aisteoirí	actor / actors
ríomhaire	computer	scannán aicsin	action film
ríomhaire glúine	laptop	scannán greannmhar	comedy film
consól	console	scannán scanrúil	horror film
scáileán (mór)	(big) screen	scannán ficsean eolaíochta	sci-fi film
rialtán	remote control	ceoldráma	musical
cluasáin	headphones	corraitheach	exciting
callairí	speakers	suimiúil	interesting

Mar chabhair duit

An aimsir

Cén sórt aimsire atá ann inniu?	What is the weather like today?
Tá an aimsir ___ inniu. / Tá sé ___.	The weather is ___ today. / It is ___.
Cén sórt lae atá ann?	What sort of day is it?
Lá ___ atá ann.	It is a ___ day.
Tá sé ag dul i bhfeabhas / ag dul in olcas.	It is getting better / worse.
Tá sé ___ fós.	It is still ___.
Beidh / Ní bheidh ___ amárach.	It will be / will not be ___ tomorrow.
Tá súil agam go mbeidh sé ___ amárach.	I hope it will be ___ tomorrow.
Is dócha go mbeidh ___.	It will probably be ___.
Conas a bhíonn an aimsir (i rith an ___)?	How is the weather (during ___)?
Bíonn an aimsir ___ (i rith an ___).	The weather is ___ (during ___).
Cén séasúr is fearr leatsa?	Which season do you prefer?
Is fearr liom an ___.	I prefer the ___.
Is é ___ an séasúr is fearr liom.	___ is the season that I prefer.
An rud is mó a thaitníonn liom faoi ná ___.	The thing that I like best about it is ___.

bog	mild	álainn / deas	lovely / nice
te	hot	drochlá	bad day
fuar	cold	ag taitneamh	shining
grianmhar	sunny	ag spalpadh anuas	beating down
scamallach	cloudy	ag cur báistí / fearthainne	raining
fliuch	wet	ag séideadh	blowing
tirim	dry	ag cur sneachta	snowing
gaofar	windy	ag plúchadh sneachta	snowing heavily (blizzard)
ceomhar	foggy	stoirm	storm
grian	sun	fiáin	wild
scamall	cloud	toirneach	thunder
báisteach / fearthainn	rain	tintreach	lightning
gaoth	wind	tornádó	tornado
ceo	fog	hairicín	hurricane
sioc	frost	crith talún	earthquake
sneachta	snow	súnámaí	tsunami
leac oighir	ice	dóiteán foraoise	forest fire
bogha báistí	rainbow	tonn teasa	heatwave

Caitheamh aimsire

Bainim taitneamh as ___.		I enjoy ___.	
Tá mé go maith ag ___.		I am good at ___.	
Is bréa liom ___ ach is fearr liom ___ ná aon rud eile.		I love ___ but I prefer ___ to anything else.	
An imríonn tú ar fhoireann? Imríonn / Ní imríonn.		Do you play on a team? I play / I do not play.	
An seinneann tú uirlis ar bith? Seinnim ___.		Do you play any instrument? I play ___.	
Cathain a thosaigh tú ___? Thosaigh mé cúpla bliain / cúpla mí ó shin.		When did you start ___? I started a couple of years / months ago.	
Cé chomh minic is a ___? gach uile lá, dhá uair sa tseachtain, gach seachtain, uair nó dhó sa tseachtain / sa mhí		How often ___? every day, twice a week, every week, once or twice a week / month	
Bhuaigh mé cluiche / comórtas / bonn.		I won a match / a competition / a medal.	
peil (Ghaelach)	(Gaelic) football	ceol	music
sacar	soccer	giotár	guitar
rugbaí	rugby	feadóg stáin	tin whistle
iománaíocht	hurling	drumaí	drums
camógaíocht	camogie	pianó	piano
cispheil	basketball	fidil / veidhlín	fiddle / violin
leadóg	tennis	cór	choir
snámh	swimming	banna ceoil	band
gleacaíocht	gymnastics	damhsa	dancing
lúthchleasaíocht	athletics	drámaíocht	drama
rothaíocht	cycling	léitheoireacht	reading
cearáité	karate	ealaín	art
marcaíocht ar chapall	horse riding	ceacht	lesson
cluiche	match	ceolchoirm	concert
traenáil	training	seó	show
foireann	team	comórtas	competition
club áitiúil	local club	bonn	medal
captaen	captain	imreoir	player
bainisteoir	manager	reathaí	runner
réiteoir	referee	ceoltóir	musician

Mar chabhair duit

Ócáidí speisialta

Lá breithe sona duit!		Happy Birthday!	
Nollaig shona duit!		Happy Christmas!	
Comhghairdeas!		Congratulations!	
Go n-éirí an t-ádh leat.		Good luck.	
Tá mé ag tnúth go mór le ___.		I am really looking forward to ___.	
Cathain a bhíonn do bhreithlá agat?		When is your birthday?	
Bíonn mo bhreithlá agam i mí ___.		My birthday is in ___.	
Ar mhaith leat teacht go dtí mo chóisir?		Would you like to come to my party?	
Ba mhaith. / Tá brón orm. Ní féidir liom dul.		I would. / I am sorry. I cannot go.	
An dtiocfaidh tú liom?		Will you come with me?	
Tiocfaidh / Ní thiocfaidh.		I will / will not come.	
Bhí mé gléasta suas mar ___.		I was dressed up as ___.	
Conas a bhí ___?		How was ___?	
Thar barr! Ar fheabhas! Go hiontach!		Fantastic! Excellent! Wonderful!	
Ceart go leor. Go dona! Go huafásach!		All right. Bad! Awful!	
Oíche Shamhna	Halloween	Lá 'le Pádraig	St Patrick's Day
cnónna	nuts	seamróg	shamrock
bairín breac	barm brack	Naomh Pádraig	St Patrick
puimcín	pumpkin	paráid	parade
tine chnámh	bonfire	bratach	flag
cailleach	witch	an Cháisc	Easter
taibhse	ghost	ubh Chásca	Easter egg
Nollaig	Christmas	coinín	rabbit
Daidí na Nollag	Santa Claus	Oíche Chinn Bhliana	New Year's Eve
carr sleamhnáin	sleigh	breithlá	birthday
réinfhia	reindeer	cóisir	party
maisiúcháin	decorations	bronntanais	presents
crann Nollag	Christmas tree	cáca (breithlae)	(birthday) cake
soilse Nollag	Christmas lights	balún	balloon
stoca Nollag	Christmas stocking	bainis	wedding
cártaí Nollag	Christmas cards	laethanta saoire	holidays
turcaí	turkey	féile	festival
carúl	carol	ceiliúradh	celebration

An t-alt agus an chopail

páiste	a child	Is páiste mé.	I am a child.
an páiste	the child	Ní páiste mé.	I am not a child.
an páiste seo	this child	An páiste thú?	Are you a child?
an páiste sin	that child		

Na forainmneacha pearsanta

An aidiacht shealbhach

	roimh chonsan		roimh ghuta	
mé	mo + h	mo dheartháir	m'	m'athair
tú	do + h	do dheartháir	d'	d'athair
sé	a + h	a dheartháir	a	a athair
sí	a	a deartháir	a + h	a hathair
sinn	ár + urú	ár ndeartháir	ár + n-	ár n-athair
sibh	bhur + urú	bhur ndeartháir	bhur + n-	bhur n-athair
siad	a + urú	a ndeartháir	a + n-	a n-athair

Mar chabhair duit

An séimhiú

+h | Seo é mo dhaid. | Bhí gúna deas ar Mham. | D'ól sé dhá chupán tae.

ach amháin le **a e h i l n o r** agus **u**

An t-urú

b	mb	Tá cáca ar an mbord.
c	gc	Tá Lóla faoin gcarr.
d	nd	Seo é ár ndeartháir, Liam.
f	bhf	Tá dallóg ar an bhfuinneog.
g	ng	Chonaic mé éan ar an ngeata.
p	bp	Chuir Mam an dinnéar ar an bpláta.
t	dt	Seo iad Síofra agus Seán, seo é a dteach.

Mionfhocail

agus	and	ar dtús	first / first of all
ach	but	ansin	then
mar	because	tar éis sin	after that
nó	or	ina dhiaidh sin	after that
freisin	also / too	ar deireadh	finally / in the end
arís	again	faoi dheireadh	eventually
aon	any	tar éis tamaill	after a while
gach	every	go tobann	suddenly
nuair a	when	i gcónaí	always
seo	this	go minic	often
sin	that	uaireanta	sometimes
anseo	here	ó am go ham	from time to time
ansin	there	anois is arís	now and again
i rith	during	go hannamh	seldom
cosúil le / ar nós	like	riamh	never before

Ceisteanna

Cathain? Cén t-am? When? What time?	**Cá? Car?** Where?	**Cad? Céard?** What?	**Cé?** Who?
Cathain a bhíonn Lá 'le Pádraig ann? Bíonn sé ann i **mí an Mhárta**. **Cén t-am** a thosóidh an chóisir? Tosóidh sí **ar a trí a chlog**.	**Cá** bhfuil mo chóta? Tá do chóta **faoin staighre**. **Cár** bhuail tú le Mam? Bhuail mé le Mam **sa siopa**.	**Cad** is ainm duit? **Seán** is ainm dom. **Céard** tá sa seomra suite? Tá **teilifís** agus **Xbox** sa seomra suite.	**Cé** hé seo? Seo é **mo dheartháir, Oisín**. **Cé** atá as láthair inniu? Tá **Sinéad** as láthair inniu.

Cén? What?	**Cé mhéad?** How much / many?	**Conas? Cén chaoi?** How?	**Cén fáth?** Why?
Cén sórt aimsire a bhí ann inné? Bhí sé **grianmhar** inné. **Cén** dath atá ar do shúile? Tá súile **gorma** agam.	**Cé** mhéad duine atá i do theaghlach? Tá **ceathrar** i mo theaghlach. **Cé mhéad** liathróid atá sa halla spóirt? Tá **deich** liathróid ann.	**Conas** a rinne tú na pancóga? **Mheasc mé** plúr, bainne agus uibheacha le chéile. **Cén chaoi** a bhfuil tú? **Nílim go maith**. Tá pian i mo bholg.	**Cén fáth** a raibh áthas ar Sheán? Bhí áthas air **mar bhuaigh sé an cluiche**. **Cén fáth** a raibh t-léine Oisín salach? Bhí sé salach **mar thit Oisín sa ghairdín**.

Mar chabhair duit

Éire

Cad as…?	**Cá bhfuil…?**	**Cá háit…?**
Cad as duit?	Cá bhfuil tú i do chónaí?	Cá háit in Éirinn a bhfuil Gaillimh?
Is as Tiobraid Árann dom.	Tá mé i mo chónaí i Sligeach.	Tá Gaillimh san iarthar.

An domhan

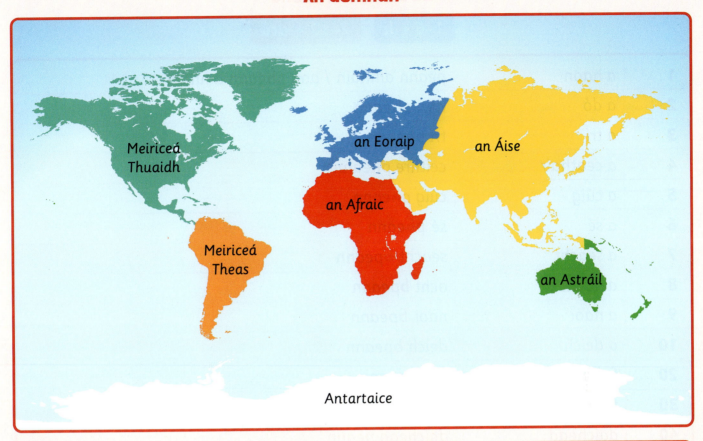

	Éire	Ireland	Éireannach	Irish person
	Sasana	England	Sasanach	English person
	Albain	Scotland	Albanach	Scottish person
	an Bhreatain Bheag	Wales	Breatnach	Welsh person
	an Fhrainc	France	Francach	French person
	an Spáinn	Spain	Spáinneach	Spanish person
	an Ghearmáin	Germany	Gearmánach	German person
	an Iodáil	Italy	Iodálach	Italian person
	an Pholainn	Poland	Polannach	Polish person
	an Liotuáin	Lithuania	Liotuánach	Lithuanian person
	an Laitvia	Latvia	Laitviach	Latvian person
	an Rómáin	Romania	Rómánach	Romanian person
	an Nigéir	Nigeria	Nigéarach	Nigerian person
	na Stáit Aontaithe	United States	Meiriceánach	American person
	Ceanada	Canada	Ceanadach	Canadian person
	Meicsiceo	Mexico	Meicsiceach	Mexican person
	an India	India	Indiach	Indian person
	an tSín	China	Síneach	Chinese person
	an Astráil	Australia	Astrálach	Australian person

Mar chabhair duit

Na bunuimhreacha

1–6 + h **7–10 + urú**

1	a haon	peann amháin / aon pheann amháin
2	a dó	dhá pheann
3	a trí	trí pheann
4	a ceathair	ceithre pheann
5	a cúig	cúig pheann
6	a sé	sé pheann
7	a seacht	seacht bpeann
8	a hocht	ocht bpeann
9	a naoi	naoi bpeann
10	a deich	deich bpeann
20	fiche	fiche peann
30	tríocha	tríocha peann
40	daichead	daichead peann
50	caoga	caoga peann
60	seasca	seasca peann
70	seachtó	seachtó peann
80	ochtó	ochtó peann
90	nócha	nócha peann
100	céad	céad peann
200	dhá chéad	dhá chéad peann
1,000	míle	míle peann

15 cúig pheann déag

31 tríocha a haon peann

157 céad caoga a seacht peann

620 sé chéad fiche peann

1999 míle, naoi gcéad nócha naoi peann

Cé mhéad...?
Cé mhéad milseán atá agat?
Tá ceithre mhilseán agam.

Cén aois...?
Cén aois thú?
Tá mé aon bhliain déag d'aois.

Cé mhéad a chosnaíonn...?
Cé mhéad a chosnaíonn an consól seo?
Cosnaíonn sé dhá chéad caoga euro.

Cathain...?
Cathain a rugadh thú?
Rugadh mé in dhá mhíle is a hocht.

Na huimhreacha pearsanta

1 duine amháin   2 beirt   3 triúr

4 ceathrar   5 cúigear   6 seisear   7 seachtar
8 ochtar   9 naonúr   10 deichniúr

Cé mhéad duine...?
Cé mhéad duine atá i do theaghlach?
Tá **cúigear** i mo theaghlach.

Cé mhéad deartháir / deirfiúr atá agat?
Cé mhéad deartháir atá agat?
Tá **beirt** deartháireacha agam.

Na horduimhreacha

	roimh chonsan	roimh ghuta
1ú	an chéad pháiste	an chéad áit
2ú	an dara páiste	an dara háit
3ú	an tríú páiste	an tríú háit
4ú	an ceathrú páiste	an ceathrú háit
5ú	an cúigiú páiste	an cúigiú háit
6ú	an séú páiste	an séú háit
7ú	an seachtú páiste	an seachtú háit
8ú	an t-ochtú páiste	an t-ochtú háit
9ú	an naoú páiste	an naoú háit
10ú	an deichiú páiste	an deichiú háit
11ú	an t-aonú páiste déag	an t-aonú háit déag
12ú	an dóú páiste déag	an dóú háit déag
20ú	an fichiú páiste	an fichiú háit
30ú	an tríochadú páiste	an tríochadú háit

13ú an tríú ... déag

25ú an cúigiú ... is fiche

28ú an t-ochtú ... is fiche

31ú an t-aonú ... is tríocha

Cén áit...?
Cén áit a bhain tú sa rás?
Bhain mé **an dara** háit.

Cén dáta...?
Cén dáta é inniu?
Inniu **an t-aonú** lá **is fiche**.

Cathain...?
Cathain a bhíonn do bhreithlá ann?
Bíonn mo bhreithlá ann ar **an gcúigiú** lá Feabhra.

Mar chabhair duit

An t-am

a chlog

a deich chun — a deich tar éis

ceathrú chun — ceathrú tar éis

fiche chun — fiche tar éis

leathuair tar éis

a dó a chlog

leathuair tar éis a naoi

ceathrú tar éis a haon

ceathrú chun a deich

a deich tar éis a haon déag

a deich chun a dó dhéag

fiche tar éis a cúig

fiche chun a ceathair

a cúig tar éis a hocht

a cúig chun a seacht

fiche a cúig tar éis a trí

fiche a cúig chun a sé

Cén t-am é?

Cén t-am é?

Tá sé a deich a chlog.

Cén t-am a bhíonn…?

Cén t-am a bhíonn traenáil agat?

Bíonn traenáil agam ar leathuair tar éis a trí.

Cén t-am a bheidh…?

Cén t-am a bheidh sos againn?

Beidh sos againn timpeall fiche chun a trí.

Na laethanta

an Luan	Dé Luain
an Mháirt	Dé Máirt
an Chéadaoin	Dé Céadaoin
an Déardaoin	Déardaoin
an Aoine	Dé hAoine
an Satharn	Dé Sathairn
an Domhnach	Dé Domhnaigh

Cén lá…?

Cén lá é inniu?
Inniu **an Luan**.

Cathain…?

Cathain a bhíonn corpoideachas agat?
Bíonn corpoideachas agam **Dé Máirt** agus **Dé hAoine**.

Na séasúir agus na míonna

earrach
an t-earrach
i rith an earraigh

Feabhra / mí Feabhra
Márta / mí an Mhárta
Aibreán / mí Aibreáin

samhradh
an samhradh
i rith an tsamhraidh

Bealtaine / mí na Bealtaine
Meitheamh / mí an Mheithimh
Iúil / mí Iúil

fómhar
an fómhar
i rith an fhómhair

Lúnasa / mí Lúnasa
Meán Fómhair / mí Mheán Fómhair
Deireadh Fómhair / mí Dheireadh Fómhair

geimhreadh
an geimhreadh
i rith an gheimhridh

Samhain / mí na Samhna
Nollaig / mí na Nollag
Eanáir / mí Eanáir

Cén mhí…?

Cén mhí é?
Mí Aibreáin.

Cén séasúr…?

Cén séasúr é?
An t-earrach.

Cathain…?

Cathain a bhíonn do bhreithlá agat?
Bíonn mo bhreithlá agam i **mí Lúnasa**.

Mar chabhair duit

Na dathanna

○ bán ● gorm ● oráiste ● buí ● donn ● liath ● airgead
● dubh ● dearg ● glas ● corcra ● bándearg ● ildaite ● ór

Aidiachtaí

 Chaith sí gúna **fada álainn**.

 Chaith sé geansaí **mór gránna**.

mór	big	beag	small
ard	tall / high	beag / íseal	short / low
fada	long	gearr	short
sean	old	óg	young
láidir	strong	lag	weak
díreach	straight	catach	curly
te	hot	fuar	cold
grianmhar	sunny	scamallach	cloudy
geal	bright	dorcha	dark
fliuch	wet	tirim	dry
glan	clean	salach	dirty
tapa	fast	mall	slow / late
lán	full	folamh	empty
daor	expensive	saor	cheap
deacair	difficult	éasca / simplí	easy / simple
suimiúil	interesting	leadránach	boring
álainn	beautiful	gránna	horrible / bad
go maith	good	go dona	bad
go hiontach	brilliant	go huafásach	awful

an- + h
ró + h

Tá an hata **mór**. Tá an hata **an-mhór**. Tá an hata **rómhór**.

Cén sórt...?

Cén sórt lae atá ann?
Lá **fuar fliuch** atá ann.

Déan cur síos ar...

Déan cur síos ar an mbean.
Tá gruaig **fhada chatach** uirthi.
Tá gúna **fada dearg** uirthi agus scaif **álainn**.

Na réamhfhocail

ar on	faoi (faoin) under (under the)	in aice le (in aice leis an) beside (beside the)	i (sa) in (in the)
ag at	le with	as out of	de (den) off (off the)
do (don) to (to the)	ó (ón) from (from the)	chuig towards	roimh before
go dtí to	trasna across	thar over	trí (tríd) through (through the)
ag barr at the top of	ag bun at the bottom of	ar chúl behind	os comhair in front of
ar imeall on the edge of	i lár in the centre of	timpeall around	idir between

ag dul isteach
going in

istigh
in

ag dul amach
going out

amuigh
out

ag dul suas
going up

thuas
up

ag dul síos
going down

thíos
down

Mar chabhair duit

Na forainmneacha réamhfhoclacha

	ag at	ar on	chuig towards	de off	do to	faoi under	le with	ó from	roimh before	as out of
mé	agam	orm	chugam	díom	dom	fúm	liom	uaim	romham	asam
tú	agat	ort	chugat	díot	duit	fút	leat	uait	romhat	asat
sé	aige	air	chuige	de	dó	faoi	leis	uaidh	roimhe	as
sí	aici	uirthi	chuici	di	di	fúithi	léi	uaithi	roimpi	aisti
sinn	againn	orainn	chugainn	dinn	dúinn	fúinn	linn	uainn	romhainn	asainn
sibh	agaibh	oraibh	chugaibh	díbh	daoibh	fúibh	libh	uaibh	romhaibh	asaibh
siad	acu	orthu	chucu	díobh	dóibh	fúthu	leo	uathu	rompu	astu

Foirmeacha den bhriathar

Glan

ordú	**Glan** do sheomra!	**Clean** your room!
ag déanamh	Tá mé **ag glanadh** mo sheomra.	I am **cleaning** my room.
déanta	Tá mó sheomra **glanta** agam.	I **have cleaned** my room.
An Aimsir Chaite	**Ghlan** mé mo sheomra inné.	I **cleaned** my room yesterday.
An Aimsir Láithreach	**Glanaim** mo sheomra gach lá.	I **clean** my room every day.
An Aimsir Fháistineach	**Glanfaidh** mé mo sheomra amárach.	I **will clean** my room tomorrow.

Ceannaigh

ordú	**Ceannaigh** úlla!	**Buy** apples!
ag déanamh	Tá mé **ag ceannach** úll.	I am **buying** apples.
déanta	Tá úlla **ceannaithe** agam.	I **have bought** apples.
An Aimsir Chaite	**Cheannaigh** mé úlla inné.	I **bought** apples yesterday.
An Aimsir Láithreach	**Ceannaím** úlla gach lá.	I **buy** apples every day.
An Aimsir Fháistineach	**Ceannóidh** mé úlla amárach.	I **will buy** apples tomorrow.

Ith

ordú	**Ith** do dinnéar!	**Eat** your dinner!
ag déanamh	Tá mé **ag ithe** mo dhinnéir.	I am **eating** my dinner.
déanta	Tá mo dhinnéar **ite** agam.	I **have eaten** my dinner.
An Aimsir Chaite	**D'ith** mé mo dhinnéar inné.	I **ate** my dinner yesterday.
An Aimsir Láithreach	**Ithim** mo dhinnéar gach lá.	I **eat** my dinner every day.
An Aimsir Fháistineach	**Íosfaidh** mé mo dhinnéar amárach.	I **will eat** my dinner tomorrow.

An aidiacht bhriathartha

déanta	done	dúnta	closed	caite	spent
críochnaithe	finished	oscailte	open	briste	broken
ólta	drank	léite	read	imithe	gone
crochta	hung	scríofa	written	caillte	lost

Mar chabhair duit

An t-ainm briathartha

ag siúl	walking	ag déanamh	doing / making
ag rith	running	ag súgradh / spraoi	playing
ag léim	jumping	ag imirt (peile)	playing (football)
ag suí	sitting	ag iascaireacht	fishing
ag dul	going	ag snámh	swimming
ag caint	talking	ag rothaíocht	cycling
ag insint	telling	ag scátáil	skating
ag glaoch	calling	ag luascadh	swinging
ag gáire	laughing	ag sleamhnú	sliding
ag caoineadh	crying	ag canadh	singing
ag ithe	eating	ag seinm ceoil	playing music
ag ól	drinking	ag damhsa / ag rince	dancing
ag féachaint	watching	ag tarraingt	drawing
ag éisteacht	listening	ag péinteáil	painting
ag léamh	reading	ag traenáil	training
ag scríobh	writing	ag siopadóireacht	shopping
ag obair	working	ag ceannach	buying
ag glanadh	cleaning	ag cuardach / lorg	searching
ag bailiú	collecting	ag roghnú	choosing
ag ullmhú	preparing	ag ordú	ordering
ag cócaráil	cooking	ag cabhrú	helping
ag fanacht	waiting	ag caitheamh	spending / wearing / throwing
ag teacht	coming	ag cur báistí	raining
ag oscailt	opening	ag stealladh báistí	pouring (rain)
ag dúnadh	closing	ag cur sneachta	snowing
ag troid	fighting	ag taitneamh	shining (sun)
ag titim	falling	ag spalpadh anuas	beating down (sun)
ag cur fola	bleeding	ag séideadh	blowing

Na briathra rialta

An Aimsir Chaite	An Aimsir Láithreach	An Aimsir Fháistineach
inné, an tseachtain seo caite, aréir, anuraidh	gach lá, gach seachtain, gach mí, gach bliain	amárach, an tseachtain seo chugainn, sa todhchaí

An chéad réimniú		AC	AL	AF
bris	break	Bhris mé	Brisim	Brisfidh mé
cuir	put	Chuir mé	Cuirim	Cuirfidh mé
dún	close	Dhún mé	Dúnaim	Dúnfaidh mé
éist	listen	D'éist mé	Éistim	Éistfidh mé
fág	leave	D'fhág mé	Fágaim	Fágfaidh mé
fan	wait	D'fhan mé	Fanaim	Fanfaidh mé
féach	look	D'fhéach mé	Féachaim	Féachfaidh mé
glan	clean	Ghlan mé	Glanaim	Glanfaidh mé
ól	drink	D'ól mé	Ólaim	Ólfaidh mé
rith	run	Rith mé	Rithim	Rithfidh mé
seas	stand	Sheas mé	Seasaim	Seasfaidh mé
suigh	sit	Shuigh mé	Suím	Suífidh mé

An dara réimniú		AC	AL	AF
bailigh	collect	Bhailigh mé	Bailím	Baileoidh mé
cabhraigh	help	Chabhraigh mé	Cabhraím	Cabhróidh mé
ceannaigh	buy	Cheannaigh mé	Ceannaím	Ceannóidh mé
ceangail	connect	Cheangail mé	Ceanglaím	Ceanglóidh mé
dúisigh	wake	Dhúisigh mé	Dúisím	Dúiseoidh mé
éirigh	rise	D'éirigh mé	Éirím	Éireoidh mé
gortaigh	hurt	Ghortaigh mé	Gortaím	Gortóidh mé
imirt	play	D'imir mé	Imrím	Imreoidh mé
inis	tell	D'inis mé	Insím	Inseoidh mé
oscail	open	D'oscail mé	Osclaím	Osclóidh mé
taitin (le)	like	Thaitin ... liom	Taitníonn ... liom	Taitneoidh ... liom
tosaigh	start	Thosaigh mé	Tosaím	Tosóidh mé

Ceist	Ar + h	An + urú	An + urú
Diúltach	Níor + h	Ní + h	Ní + h

Mar chabhair duit

Na briathra neamhrialta

An Aimsir Chaite	An Aimsir Láithreach	An Aimsir Fháistineach

Abair

An Aimsir Chaite	An Aimsir Láithreach	An Aimsir Fháistineach
said	say	will say
Dúirt mé	Deirim	Déarfaidh mé
Dúirt sé	Deir sé	Déarfaidh sé
Dúramar	Deirimid	Déarfaimid
An ndúirt?	An ndeir?	An ndéarfaidh?
Ní dúirt.	Ní deir.	Ní déarfaidh.

Beir

An Aimsir Chaite	An Aimsir Láithreach	An Aimsir Fháistineach
caught / grabbed	catch / grab	will catch / will grab
Rug mé	Beirim	Béarfaidh mé
Rug sé	Beireann sé	Béarfaidh sé
Rugamar	Beirimid	Béarfaimid
Ar rug?	An mbeireann?	An mbéarfaidh?
Níor rug.	Ní bheireann.	Ní bhéarfaidh.

Bí

An Aimsir Chaite	An Aimsir Láithreach	An Aimsir Fháistineach
was	be	will be
Bhí mé	Bím / Táim / Tá mé	Beidh mé
Bhí sé	Bíonn sé / Tá sé	Beidh sé
Bhíomar	Bímid / Táimid	Beimid
An raibh?	An mbíonn? / An bhfuil?	An mbeidh?
Ní raibh.	Ní bhíonn. / Níl.	Ní bheidh.

Clois

An Aimsir Chaite	An Aimsir Láithreach	An Aimsir Fháistineach
heard	hear	will hear
Chuala mé	Cloisim	Cloisfidh mé
Chuala sé	Cloiseann sé	Cloisfidh sé
Chualamar	Cloisimid	Cloisfimid
Ar chuala?	An gcloiseann?	An gcloisfidh?
Níor chuala.	Ní chloiseann.	Ní chloisfidh.

Na briathra neamhrialta

An Aimsir Chaite	An Aimsir Láithreach	An Aimsir Fháistineach
Déan		
did / made Rinne mé Rinne sé Rinneamar	do / make Déanaim Déanann sé Déanaimid	will do / will make Déanfaidh mé Déanfaidh sé Déanfaimid
An ndearna? Ní dhearna.	An ndéanann? Ní dhéanann.	An ndéanfaidh? Ní dhéanfaidh.
Faigh		
got / found Fuair mé Fuair sé Fuaireamar	get / find Faighim Faigheann sé Faighimid	will get / will find Gheobhaidh mé Gheobhaidh sé Gheobhaimid
An bhfuair? Ní bhfuair.	An bhfaigheann? Ní fhaigheann.	An bhfaighidh? Ní bhfaighidh.
Feic		
saw Chonaic mé Chonaic sé Chonaiceamar	see Feicim Feiceann sé Feicimid	will see Feicfidh mé Feicfidh sé Feicfimid
An bhfaca? Ní fhaca.	An bhfeiceann? Ní fheiceann.	An bhfeicfidh? Ní fheicfidh.
Ith		
ate D'ith mé D'ith sé D'itheamar	eat Ithim Itheann sé Ithimid	will eat Íosfaidh mé Íosfaidh sé Íosfaimid
Ar ith? Níor ith.	An itheann? Ní itheann.	An íosfaidh? Ní íosfaidh.

Mar chabhair duit

Na briathra neamhrialta

An Aimsir Chaite	An Aimsir Láithreach	An Aimsir Fháistineach
Tabhair		
gave Thug mé Thug sé Thugamar	give Tugaim Tugann sé Tugaimid	will give Tabharfaidh mé Tabharfaidh sé Tabharfaimid
Ar thug? Níor thug.	An dtugann? Ní thugann.	An dtabharfaidh? Ní thabharfaidh.
Tar		
came Tháinig mé Tháinig sé Thángamar	come Tagaim Tagann sé Tagaimid	will come Tiocfaidh mé Tiocfaidh sé Tiocfaimid
Ar tháinig? Níor tháinig.	An dtagann? Ní thagann.	An dtiocfaidh? Ní thiocfaidh.
Téigh		
went Chuaigh mé Chuaigh sé Chuamar	go Téim Téann sé Téimid	will go Rachaidh mé Rachaidh sé Rachaimid
An ndeachaigh? Ní dheachaigh.	An dtéann? Ní théann.	An rachaidh? Ní rachaidh.

Tá, bíonn agus is

Tá	Bíonn	Is
right now	all the time	permanent
Tá mé tinn. Tá sé tuirseach. Tá siad fuar. Tá mé aon bhliain déag d'aois. Tá mé i mo sheomra codlata.	Bíonn Daithí déanach i gcónaí. Bíonn traenáil agam Dé Máirt. Bíonn an aimsir fuar i rith an gheimhridh. Bíonn turcaí againn gach Nollaig.	Is buachaill mé. Is Éireannach mé. Is múinteoir mé. Is imreoir peile mé. Is duine cairdiúil mé.

Dán na mbriathra

D'éirigh Oisín inné,
D'ith sé arán,
Thug sé póg do Mham
Agus **dúirt** sé 'Slán!'

Chuaigh sé ar scoil,
Chonaic sé na páistí,
Rinne sé obair,
Agus **d'ith** sé oráistí!

Ag am lóin,
Bhí cluiche ar siúl,
Rug sé ar an liathróid
Agus **fuair** sé cúl.

Chuala sé an cloigín
Ag bualadh ar a trí,
Tháinig sé abhaile,
Agus **chuaigh** sé a luí!

Éiríonn Oisín gach lá,
Itheann sé arán,
Tugann sé póg do Mham
Agus **deir** sé 'Slán!'

Téann sé ar scoil,
Feiceann sé na páistí,
Déanann sé obair,
Agus **itheann** sé oráistí!

Ag am lóin,
Bíonn cluiche ar siúl,
Beireann sé ar an liathróid
Agus **faigheann** sé cúl.

Cloiseann sé an cloigín
Ag bualadh ar a trí,
Tagann sé abhaile,
Agus **téann** sé a luí!

Éireoidh Oisín amárach,
Íosfaidh sé arán,
Tabharfaidh sé póg do Mham
Agus **déarfaidh** sé 'Slán!'

Rachaidh sé ar scoil,
Feicfidh sé na páistí,
Déanfaidh sé obair,
Agus **íosfaidh** sé oráistí!

Ag am lóin,
Beidh cluiche ar siúl,
Béarfaidh sé ar an liathróid
Agus **gheobhaidh** sé cúl.

Cloisfidh sé an cloigín
Ag bualadh ar a trí,
Tiocfaidh sé abhaile,
Agus **rachaidh** sé a luí!

SHELLYBANKS ETNS

094415

info@shellybanks.ie